Diretrizes da OCDE para Empresas Multinacionais, Edição 2011

Este estudo foi publicado sob a responsabilidade do Secretário-Geral da OCDE. As opiniões expressas e os argumentos utilizados nesta publicação não refletem necessariamente a posição da Organização nem dos Governos de seus países membros.

Este documento e qualquer mapa aqui incluído foi elaborado sem prejuízo do status ou soberania de qualquer território, da delimitação de limites e fronteiras internacionais e do nome do território, cidade ou área.

Os dados estatísticos para Israel são fornecidos por e sob a responsabilidade das autoridades israelenses. O uso desses dados pela OCDE é feito sem prejuízo das colinas de Golã, Jerusalém Oriental e assentamentos israelenses na Cisjordânia, nos termos do direito internacional.

Nota de rodapé da Turquia
As informações deste documento que mencionam "Chipre" referem-se à parte sul da ilha. Não existe uma única autoridade que represente ao mesmo tempo as populações cipriotas turcas e gregas na ilha. A Turquia reconhece a República Turca de Chipre do Norte (RT CN). Enquanto não houver uma solução duradoura e justa no âmbito das Nações Unidas, a Turquia manterá sua posição no que diz respeito à "questão de Chipre".

Nota de rodapé de todos os Estados membros da União Europeia, da OCDE e da União Europeia
A República de Chipre é reconhecida por todos os membros das Nações Unidas com exceção da Turquia. As informações constantes deste documento referem-se à área sob controle efetivo do Governo da República de Chipre.

Por favor, cite esta publicação como:
OECD (2022), *Diretrizes da OCDE para Empresas Multinacionais, Edição 2011*, OECD Publishing, Paris, https://doi.org/10.1787/39ad30a0-pt.

ISBN 978-92-64-74941-2 (impresso)
ISBN 978-92-64-47050-7 (pdf)

Publicado originalmente pela OCDE sob o título: OECD (2011), *OECD Guidelines for Multinational Enterprises, 2011 Edition*, OECD Publishing, Paris, https://doi.org/10.1787/9789264115415-en.
Esta tradução foi encomendada pela Direcção dos Assuntos Financeiros e Empresariais e a sua exactidão não pode ser garantida pela OCDE. As únicas versões oficiais são os textos em inglês e/ou francês.

As erratas das publicações da OCDE podem ser acessadas online em: www.oecd.org/about/publishing/corrigenda.htm.

© OCDE 2022

O uso do conteúdo do presente trabalho, tanto em formato digital quanto impresso, é regido pelos termos e condições seguintes: https://www.oecd.org/termsandconditions.

Apresentação

As *Diretrizes da OCDE para Empresas Multinacionais* são recomendações feitas pelos governos às empresas multinacionais que operam nos países aderentes ou a partir deles. Elas fornecem princípios e padrões voluntários para uma conduta empresarial responsável em um contexto global consistentes com as leis aplicáveis e os padrões internacionalmente reconhecidos. As *Diretrizes* são o único código multilateralmente acordado e abrangente que os governos se comprometeram a promover em matéria de conduta empresarial responsável.

As recomendações das *Diretrizes* expressam os valores comuns dos governos dos países sede de muitas das maiores empresas multinacionais e de onde grande parte do investimento direto internacional se origina. As *Diretrizes* têm como principal objetivo estimular as contribuições positivas das empresas para o progresso econômico, ambiental e social no âmbito mundial.

As *Diretrizes* têm o apoio de um mecanismo único de implementação, os Pontos de Contato Nacionais (PCNs), que são representações institucionais estabelecidas por governos aderentes para promover e implementar as *Diretrizes*. Os PCNs auxiliam as empresas e as suas partes interessadas a tomarem as medidas adequadas para promover a implementação das *Diretrizes*. Eles também fornecem uma plataforma de mediação e conciliação para a resolução de questões práticas que possam surgir.

Em 4 de maio de 2010, os governos dos 42 países-membros da OCDE, além de outros países não-membros aderentes à Declaração sobre Investimento Internacional e Empresas Multinacionais da OCDE e à sua respectiva Decisão, começaram a atualizar as *Diretrizes* para refletir as mudanças no cenário dos investimentos internacionais e das empresas multinacionais ocorridas desde a última revisão em 2000. As alterações acordadas visam garantir que as *Diretrizes* continuem a exercer o seu papel fundamental de instrumento internacional de referência para a promoção de uma conduta empresarial responsável.

As *Diretrizes* atualizadas e a sua respectiva decisão foram adotadas pelos 42 governos aderentes em 25 de maio de 2011 na Reunião Ministerial do 50º Aniversário da OCDE.

As alterações às *Diretrizes* incluem:

- Um novo capítulo sobre direitos humanos, consistente com os Princípios Orientadores das Nações Unidas sobre Empresas e Direitos Humanos:

Implementando os Parâmetros "Proteger, Respeitar e Remediar" das Nações Unidas.

- Uma abordagem nova e abrangente para a devida diligência e gestão responsável da cadeia de fornecimento, representando um progresso significativo em relação às abordagens anteriores.

- Alterações importantes em muitos capítulos dedicados a temas específicos, tais como Emprego e Relações de Trabalho, Combate à Corrupção, à Solicitação de Suborno e à Extorsão, Meio Ambiente, Interesses do Consumidor, Transparência e Tributação.

- Orientações processuais mais claras e reforçadas para fortalecer o papel dos PCNs, melhorar o seu desempenho e promover a equivalência funcional.

- Uma agenda de implementação proativa para auxiliar as empresas a cumprirem suas responsabilidades à medida que surjam novos desafios.

A Atualização das *Diretrizes* foi conduzida pelos governos aderentes e incluiu consultas intensas a um grande número de partes interessadas e parceiros. Todos os países do G20 não-aderentes foram convidados a participar de forma igualitária. Eles foram responsáveis por contribuições importantes, assim como os participantes das consultas regionais na Ásia, África, América Latina, Oriente Médio e Norte da África. O Comitê Consultivo Empresarial e Industrial da OCDE (BIAC), o Comitê Consultivo Sindical da OCDE (TUAC) e a OCDE Watch apresentaram os pontos de vista das empresas, das organizações trabalhistas e das organizações não governamentais (ONGs) através de reuniões regulares de consulta e sua participação ativa no Grupo Consultivo do Presidente do Grupo de Trabalho responsável pela Atualização das *Diretrizes*. O Representante Especial do Secretário Geral da ONU para as Empresas e Direitos Humanos, o Professor John Ruggie, a Organização Internacional do Trabalho, assim como outras organizações internacionais, também contribuíram substancialmente para a Atualização.

Os Comitês da OCDE sobre Concorrência, Política do Consumidor, Governança Corporativa, Emprego, Trabalho e Assuntos Sociais, Política Ambiental, Assuntos Fiscais e o Grupo de Trabalho sobre Suborno em Transações Comerciais Internacionais contribuíram para a revisão dos capítulos das *Diretrizes* dedicados a temas específicos.

O trabalho de Atualização contou com o apoio da Divisão de Investimentos, que atuou como Secretaria do Comitê de Investimento da OCDE, em estreita colaboração com a Diretoria Jurídica, o Centro de Administração e Política Tributária, a Divisão Anticorrupção, a Divisão de Concorrência, a Divisão de Assuntos Corporativos, a Divisão de Análise e Política de Emprego, a Divisão de Integração Ambiental e Econômica e a Divisão de Informação, Comunicações e Política do Consumidor.

Índice

Declaração sobre Investimento Internacional e Empresas Multinacionais 7

Parte I
Diretrizes da OCDE para Empresas Multinacionais - Recomendações para conduta empresarial responsável em um contexto global

Prefácio 13
I. Conceitos e Princípios 18
II. Políticas Gerais 20
III. Transparência 28
IV. Direitos Humanos 32
V. Emprego e Relações Laborais 37
VI. Meio Ambiente 44
VII. Combate à Corrupção, à Solicitação de Suborno e à Extorsão 49
VIII. Interesses do Consumidor 53
IX. Ciência e Tecnologia 58
X. Concorrência 60
XI. Tributação 63

Parte II
Procedimentos de Implementação das Diretrizes da OCDE para Empresas Multinacionais

Alteração da Decisão do Conselho sobre as Diretrizes da OCDE para Empresas Multinacionais 70

I. Pontos de Contato Nacional 71
II. Comitê de Investimento 71
III. Revisão da Decisão 72

Orientações Processuais 74

I. Pontos de Contato Nacional 74
II. Comitê de Investimento 77

Comentário sobre os Procedimentos de Implementação 80

I. Comentário sobre as Orientações Processuais para PCNs 81
II. Comentário sobre as Orientações Processuais para o Comitê de Investimento . 91

DECLARAÇÃO SOBRE INVESTIMENTO INTERNACIONAL E EMPRESAS MULTINACIONAIS

25 de maio de 2011

GOVERNOS ADERENTES[1]

CONSIDERANDO:

- Que o investimento internacional é de grande importância para a economia mundial, tendo contribuído significativamente para o desenvolvimento de seus países;

- Que as empresas multinacionais desempenham um papel importante nesse processo de investimento;

- Que a cooperação internacional pode melhorar o clima de investimento internacional, estimular a contribuição positiva que as empresas multinacionais podem trazer ao progresso econômico, social e ambiental, além de minimizar e resolver as dificuldades que possam surgir em decorrência das suas operações;

- Que os benefícios da cooperação internacional são reforçados quando questões relacionadas ao investimento internacional e às empresas multinacionais são abordadas através de um sistema regulatório equilibrado baseado em instrumentos estreitamente ligados;

---

1. Em 25 de maio de 2011, os governos aderentes são todos os membros da OCDE, bem como Argentina, Brasil, Egito, Letônia, Lituânia, Marrocos, Peru e Romênia. A Comunidade Europeia foi convidada a associar-se à seção relativa ao Tratamento Nacional para as matérias no âmbito de sua competência.

DECLARAM:

Diretrizes para Empresas Multinacionais	I.	Que recomendam conjuntamente às empresas multinacionais que operam nos seus territórios ou a partir deles o cumprimento das Diretrizes constantes no Anexo 1 do presente instrumento[2], observando as considerações e os entendimentos previstos no Prefácio, o qual é parte integrante das Diretrizes;
Tratamento Nacional	II. 1.	Que os governos aderentes devem, em consonância com as suas necessidades de manter a ordem pública, proteger seus interesses fundamentais de segurança e cumprir com os seus compromissos relativos à paz e à segurança internacionais, conceder às empresas que operem em seus territórios e que são detidas ou controladas direta ou indiretamente por cidadãos nacionais de outro governo aderente (doravante denominadas "Empresas de Controle Estrangeiro") tratamento de acordo com suas leis, regulamentos e práticas administrativas, consistente com o direito internacional e não menos favorável do que aquele concedido em situações similares às empresas nacionais (doravante denominado "Tratamento Nacional");
	2.	Que os governos aderentes considerarão a aplicação do "Tratamento Nacional" aos outros governos que não façam parte dos governos aderentes;
	3.	Que os governos aderentes envidarão esforços para garantir que as suas subdivisões territoriais apliquem o "Tratamento Nacional";
	4.	Que a presente Declaração não trata do direito de os governos aderentes de regulamentarem a entrada de investimentos internacionais ou as condições de constituição de empresas

---

2. O texto das *Diretrizes para Empresas Multinacionais* está reproduzido na Parte I da presente publicação.

		estrangeiras;
Exigências Divergentes	III.	Que cooperarão para evitar ou minimizar a imposição de exigências divergentes às empresas multinacionais e levarão as considerações gerais e abordagens práticas previstas no Anexo 2 deste documento[3] em conta.
Incentivos e Desincentivos aos Investimentos Internacionais	IV. 1.	Que reconhecem a necessidade de fortalecer a sua cooperação em matéria de investimento direto internacional;
	2.	Que reconhecem, assim, a necessidade de dar a devida importância aos interesses dos governos aderentes afetados por leis, regulamentos e práticas administrativas relacionados a essa matéria (doravante denominadas "medidas") que preveem incentivos e desincentivos oficiais ao investimento direto internacional;
	3.	Que os governos aderentes envidarão esforços para fazer com que as medidas sejam as mais transparentes possíveis, de modo que sua relevância e finalidade possam ser verificadas e suas informações prontamente disponibilizadas;
Procedimentos de Consulta	V.	Que estão preparados para consultar-se mutuamente sobre as questões acima, em conformidade com as Decisões do Conselho que sejam pertinentes;
Revisão	VI.	Que irão revisar as questões acima periodicamente com o objetivo de melhorar a eficácia da cooperação econômica internacional entre os governos aderentes em questões relacionadas ao investimento internacional e às empresas multinacionais.

---

3. O texto das Considerações Gerais e Abordagens Práticas relativas às Exigências Divergentes Impostas às Empresas Multinacionais está disponível no site da OCDE *www.oecd.org/daf/investment*.

Parte I

Diretrizes da OCDE para Empresas Multinacionais

Recomendações para conduta empresarial responsável em um contexto global

Texto e Comentários

> Nota da Secretaria: Os comentários sobre as *Diretrizes da OCDE para Empresas Multinacionais* foram adotados pelo Comitê de Investimento em uma sessão estendida, incluindo os oito países não-aderentes[*] à *Declaração sobre Investimento Internacional e Empresas Multinacionais*, a fim de fornecer informações e explicações sobre o texto das *Diretrizes para Empresas Multinacionais* e a Decisão do Conselho relativa às *Diretrizes da OCDE para Empresas Multinacionais*. Tais países não fazem parte da *Declaração sobre Investimento Internacional e Empresas Multinacionais*, nem da Decisão do Conselho relativa às *Diretrizes da OCDE para Empresas Multinacionais*.
>
> Nesta publicação, os comentários encontram-se após o capítulo a que se referem e são enumerados consecutivamente de 1 a 105.

---

[*] Argentina, Brasil, Egito, Letônia, Lituânia, Marrocos, Peru e Romênia.

Prefácio

1. As *Diretrizes da OCDE para Empresas Multinacionais* ("*Diretrizes*") são recomendações feitas pelos governos às empresas multinacionais. O objetivo das *Diretrizes* é assegurar que as operações dessas empresas estejam alinhadas às políticas governamentais, fortalecendo a confiança mútua entre as empresas e as sociedades onde operam, contribuindo para melhorar o clima de investimento internacional e estimulando a contribuição das empresas multinacionais para o desenvolvimento sustentável. As *Diretrizes* fazem parte da *Declaração sobre Investimento Internacional e Empresas Multinacionais da OCDE,* que também inclui elementos relacionados ao tratamento nacional, às exigências divergentes para as empresas e incentivos e desincentivos aos investimentos internacionais. As *Diretrizes* fornecem princípios e padrões voluntários para uma conduta empresarial responsável, em conformidade com as leis aplicáveis e os padrões internacionalmente reconhecidos. No entanto, os países aderentes às *Diretrizes* assumem um compromisso vinculante de aplicá-las em conformidade com a *Decisão do Conselho da OCDE sobre as Diretrizes da OCDE para Empresas Multinacionais.* Além disso, as questões englobadas pelas *Diretrizes* podem também ser objeto de leis nacionais e compromissos internacionais.

2. Os negócios internacionais sofreram importantes mudanças estruturais e as próprias *Diretrizes* evoluíram para refletir tais mudanças. Com a expansão das indústrias de serviços e de conhecimento intensivo, além do crescimento da economia da Internet, as empresas de serviços e tecnologia desempenham um papel cada vez mais importante no mercado internacional. As grandes empresas continuam a representar uma parte considerável do investimento internacional, e há uma tendência para fusões internacionais de grande escala. Simultaneamente, o investimento internacional das pequenas e médias empresas também aumentou, e essas empresas desempenham atualmente um papel significativo no cenário internacional. As empresas multinacionais, tais como as suas contrapartes nacionais, evoluíram para abranger uma maior variedade de acordos comerciais e modelos organizacionais. Alianças estratégicas e relações mais estreitas com fornecedores e empresas terceirizadas tendem a diluir as fronteiras dessas empresas.

3. A rápida evolução na estrutura das empresas multinacionais também se reflete em suas operações nos países em desenvolvimento, onde o investimento direto internacional tem aumentado rapidamente. Nos países em desenvolvimento, as empresas multinacionais diversificaram as suas operações para além da produção primária e das indústrias de extração, passando a desenvolver operações de fabricação, montagem, desenvolvimento do mercado interno e oferta de serviços. Outra evolução fundamental é o surgimento de empresas multinacionais sediadas em países em desenvolvimento como grandes investidores internacionais.

4. As atividades das empresas multinacionais, através do comércio e investimento internacional, fortaleceram e aprofundaram as conexões entre os países e das regiões do mundo. Tais atividades geram benefícios substanciais tanto para os países anfitriões e quanto para os seus países de origem. Esses benefícios aumentam quando as empresas multinacionais fornecem os bens e serviços almejados pelos consumidores a preços competitivos, e quando proporcionam retornos justos aos fornecedores de capital. As suas atividades comerciais e de investimento contribuem para o uso eficiente do capital, da tecnologia e dos recursos humanos e naturais. Elas facilitam a transferência de tecnologia entre as regiões do mundo e o desenvolvimento de tecnologias que refletem as condições locais. Através da educação formal e da aprendizagem no local de trabalho, as empresas também promovem o desenvolvimento do capital humano e a criação de oportunidades de emprego nos países anfitriões.

5. A natureza, a abrangência e a rapidez das mudanças econômicas têm apresentado novos desafios estratégicos para as empresas e suas partes interessadas. As empresas multinacionais têm a oportunidade de implementar políticas de boas práticas para o desenvolvimento sustentável que visem assegurar a coerência entre os objetivos econômicos, ambientais e sociais. A capacidade das empresas multinacionais de promover o desenvolvimento sustentável aumenta consideravelmente quando a atividade comercial e o investimento são realizados em um contexto de mercados abertos, competitivos e devidamente regulamentados.

6. Muitas empresas multinacionais demonstraram que o respeito a padrões elevados de conduta empresarial pode aumentar o crescimento. Atualmente, o grau de competitividade é intenso e as empresas multinacionais enfrentam uma série de contextos legais, sociais e regulatórios. Dessa forma, algumas empresas podem ser tentadas a negligenciar princípios e padrões de conduta adequados na tentativa de obter uma vantagem competitiva indevida. A adoção de tais práticas por uma minoria pode pôr em questão a reputação da maioria e dar origem a preocupações do público.

7. Muitas empresas responderam às preocupações do público através do desenvolvimento de programas internos, sistemas de orientação e de gestão que constituem a base dos seus compromissos com a boa cidadania empresarial, as boas práticas e a boa conduta empresarial e dos empregados. Algumas dessas empresas têm solicitado serviços de consultoria, auditoria e certificação, contribuindo para o aumento da expertise nessas áreas. As empresas também promoveram o diálogo social sobre o que constitui uma conduta empresarial responsável e trabalharam com as partes interessadas, inclusive através de iniciativas com diversas partes interessadas, para o desenvolvimento de guias para uma conduta empresarial responsável. As *Diretrizes* esclarecem quais são as expectativas dos governos aderentes quanto à conduta empresarial e constituem um ponto de referência para as empresas e para outras partes interessadas. Assim, as *Diretrizes* complementam e reforçam os esforços do setor privado para definir e implementar uma conduta empresarial responsável.

8. Os governos têm cooperado entre si e com outras partes para reforçar o quadro jurídico e de política internacional no qual os negócios são conduzidos. Esse processo se iniciou com os trabalhos da Organização Internacional do Trabalho no início do século XX. A adoção da Declaração Universal dos Direitos Humanos pelas Nações Unidas em 1948 foi outro evento marcante. Depois disso, houve o desenvolvimento contínuo de padrões relevantes para diferentes áreas da conduta empresarial responsável, um processo que continua até hoje. A OCDE tem contribuído de forma significativa para tal processo através do desenvolvimento de padrões que abrangem áreas como o meio ambiente, a luta contra a corrupção, os interesses do consumidor, a governança corporativa e a tributação.

9. O objetivo comum dos governos que aderem às *Diretrizes* é incentivar as contribuições positivas das empresas multinacionais para o desenvolvimento econômico, ambiental e social e minimizar as dificuldades que as suas diferentes operações podem dar origem. Ao trabalhar para esse objetivo, os governos estabelecem parceria com muitas empresas, sindicatos e outras organizações não governamentais que trabalham, cada um da sua maneira, para o mesmo fim. Os governos podem auxiliar fornecendo estruturas de políticas nacionais eficazes que incluam uma política macroeconômica estável, tratamento não discriminatório das empresas, regulamentação adequada e supervisão preventiva, sistema imparcial de tribunais e de aplicação da legislação e uma administração pública eficiente e honesta. Os governos também podem auxiliar mantendo e promovendo padrões e políticas adequados que apoiem o desenvolvimento sustentável e realizando reformas contínuas para garantir que as atividades do setor público sejam eficientes

e eficazes. Os governos que aderem às *Diretrizes* comprometem-se com a melhoria contínua das políticas nacionais e internacionais, a fim de melhorar o bem-estar e os padrões de vida de todos os indivíduos.

I. Conceitos e Princípios

1. As *Diretrizes* são recomendações feitas conjuntamente pelos governos às empresas multinacionais. Elas estabelecem princípios e padrões de boas práticas consistentes com a legislação aplicável e com os padrões reconhecidos internacionalmente. O cumprimento das *Diretrizes* pelas empresas é voluntário e não pode ser legalmente exigível. No entanto, algumas das questões englobadas pelas *Diretrizes* também poderão ser reguladas por leis nacionais ou tratados internacionais.

2. O cumprimento das leis nacionais é a principal obrigação das empresas. As *Diretrizes* não substituem nem devem ser consideradas como uma alternativa às leis e regulamentações nacionais. Embora as *Diretrizes* sejam mais abrangentes que a lei em muitos casos, elas não devem e nem tem o propósito de colocar uma empresa em situações em que ela enfrenta exigências divergentes. No entanto, em países onde as leis e os regulamentos nacionais entrem em conflito com os princípios e padrões das *Diretrizes*, as empresas devem buscar meios de respeitar tais princípios e padrões o máximo possível, sem violar as leis nacionais.

3. Considerando que as empresas multinacionais desenvolvem as suas operações em uma escala global, a cooperação internacional nessa área deve abranger todos os países. Os governos que aderem às *Diretrizes* incentivam as empresas que operam em seus territórios a observarem as *Diretrizes* onde quer que operem, considerando as circunstâncias específicas de cada país anfitrião.

4. Não é necessária uma definição precisa de empresas multinacionais para as finalidades das *Diretrizes*. Essas empresas operam em todos os setores da economia. Geralmente, elas são formadas por diversas empresas ou outras entidades estabelecidas em mais de um país e ligadas entre si de forma a coordenarem as suas operações de diversas maneiras. Embora uma ou mais dessas entidades possam exercer uma influência significativa sobre as atividades das demais, o seu grau de autonomia dentro da empresa pode variar consideravelmente de uma empresa multinacional para outra. O capital social pode ser privado, estatal ou misto. As *Diretrizes* destinam-se a todas as entidades da empresa multinacional (matrizes e/ou subsidiárias). Em função da repartição efetiva de

responsabilidades entre elas, espera-se que as diferentes entidades cooperem e se auxiliem mutuamente, a fim de facilitar o cumprimento das *Diretrizes*.

5. O objetivo das *Diretrizes* não é introduzir diferenças de tratamento entre empresas multinacionais e empresas nacionais. Elas refletem boas práticas para todas as empresas. Dessa forma, as empresas multinacionais e nacionais estão sujeitas às mesmas expectativas no que diz respeito à sua conduta, sempre que as *Diretrizes* forem relevantes para ambas.

6. Os governos desejam incentivar o máximo respeito das *Diretrizes* possível. Embora se reconheça que as pequenas e médias empresas podem não dispor dos mesmos meios que as empresas de grande porte, os governos que aderem às *Diretrizes* incentivam-nas a observar ao máximo as recomendações das *Diretrizes*.

7. Os governos que aderem às *Diretrizes* não devem utilizá-las para fins protecionistas, nem as utilizar de forma a questionar a vantagem comparativa de qualquer país no qual as empresas multinacionais investem.

8. Os governos têm o direito de determinar as condições nas quais as empresas multinacionais operam dentro das suas jurisdições, sujeitas às disposições de direito internacional. As entidades de uma empresa multinacional localizadas em vários países estão sujeitas às leis aplicáveis nos respectivos países. Quando as empresas multinacionais estão sujeitas a exigências divergentes por parte de países aderentes ou de países terceiros, os governos pertinentes devem cooperar entre si de boa-fé para resolver os eventuais problemas que possam surgir.

9. Os governos que aderem às *Diretrizes* assim o fazem no entendimento de que cumprirão com as suas responsabilidades de tratar as empresas de forma equitativa e em conformidade com o direito internacional e com as suas obrigações contratuais.

10. O uso de mecanismos internacionais adequados de resolução de litígios, incluindo a arbitragem, é incentivado como forma de facilitar a resolução de problemas jurídicos que surjam entre as empresas e os governos dos países anfitriões.

11. Os governos que aderem às *Diretrizes* deverão implementá-las e incentivar o seu uso. Eles designarão Pontos de Contato Nacionais que irão promover as *Diretrizes* e funcionarão como fórum de discussão de todas as questões a elas relacionadas. Os Governos aderentes também participarão de procedimentos adequados de revisão e consulta para abordar questões relativas à interpretação das *Diretrizes* em um mundo em constante mudança.

II. Políticas Gerais

As empresas devem considerar plenamente as políticas estabelecidas nos países em que operam, assim como as opiniões das outras partes interessadas. Nesse sentido,

A. As empresas devem:
1. Contribuir para o progresso econômico, ambiental e social, tendo como objetivo o desenvolvimento sustentável.
2. Respeitar os direitos humanos reconhecidos internacionalmente dos indivíduos afetados pelas suas atividades.
3. Incentivar a capacitação local através de estreita cooperação com a comunidade local, incluindo os interesses comerciais, bem como o desenvolvimento das suas atividades nos mercados interno e externo, de acordo com a necessidade de práticas comerciais sólidas.
4. Incentivar a formação do capital humano, criando oportunidades de emprego e facilitando oportunidades de formação para os empregados.
5. Evitar buscar ou aceitar isenções não previstas nas leis ou nos regulamentos relacionados aos direitos humanos, meio ambiente, saúde, segurança, trabalho, tributação, incentivos financeiros, entre outros.
6. Apoiar e defender os princípios da boa governança corporativa, assim como desenvolver e aplicar boas práticas dessa governança, incluindo em todos os seus seguimentos empresariais.
7. Desenvolver e aplicar práticas de autorregulação e sistemas de gestão eficazes que promovam uma relação de segurança e confiança mútua entre as empresas e as sociedades onde operam.
8. Promover a conscientização e o cumprimento por parte dos empregados de empresas multinacionais das suas políticas, através da divulgação adequada dessas políticas, inclusive por meio de programas de treinamento.
9. Abster-se de tomar medidas discriminatórias ou disciplinares contra os trabalhadores que façam denúncias de boa-fé à administração ou, conforme o caso, às autoridades públicas competentes sobre práticas que

violem a lei, as *Diretrizes* ou as políticas da empresa.

10. Conduzir a devida diligência baseada em riscos, incorporando-a, por exemplo, nos sistemas de gestão de riscos da empresa, de forma que seja possível identificar, prevenir e diminuir os impactos adversos reais e potenciais, conforme descritos nos parágrafos 11 e 12, e considerar a forma como esses impactos são abordados. A natureza e a extensão da devida diligência dependem das circunstâncias de cada caso.

11. Evitar causar ou contribuir para impactos adversos em questões englobadas pelas *Diretrizes*, através de suas próprias atividades, e abordar tais impactos caso eles ocorram.

12. Buscar prevenir ou mitigar um impacto adverso mesmo nos casos em que as empresas não tenham contribuído para tal impacto se ele estiver, de todo modo, diretamente ligado a suas operações, bens ou serviços por uma relação comercial. A intenção não é transferir a responsabilidade da entidade causadora de um impacto adverso para a empresa com a qual ela tenha uma relação comercial.

13. Além de abordar os impactos adversos em relação às questões englobadas pelas *Diretrizes*, incentivar, sempre que possível, os parceiros comerciais, incluindo fornecedores e empresas terceirizadas, a aplicarem princípios de conduta empresarial responsável compatíveis com as *Diretrizes*.

14. Atuar com as partes interessadas relevantes a fim de proporcionar oportunidades substanciais para que suas opiniões sejam levadas em consideração em relação ao planejamento e à tomada de decisões para projetos ou outras atividades que possam impactar significativamente as comunidade locais.

15. Evitar qualquer envolvimento indevido em atividades políticas locais.

B. As empresas são incentivadas a:

1. Apoiar, sempre que possível, os esforços de cooperação nos fóruns apropriados para promover a liberdade na Internet através do respeito à liberdade de expressão, assembleias e associações on-line.

2. Conforme o caso, apoiar ou participar de iniciativas privadas ou de múltiplas partes interessadas e do diálogo social sobre a gestão responsável da cadeia de fornecimento, assegurando simultaneamente que essas iniciativas levem em devida consideração seus efeitos sociais e econômicos nos países em desenvolvimento e os padrões internacionalmente reconhecidos existentes.

Comentários sobre Políticas Gerais

1. O capítulo de Políticas Gerais das *Diretrizes* é o primeiro a conter recomendações específicas para as empresas. Dessa forma, é importante definir o tom e estabelecer princípios fundamentais comuns para as recomendações específicas nos capítulos subsequentes.

2. As empresas são incentivadas a cooperar com os governos no desenvolvimento e na implementação de políticas e leis. A consideração dos pontos de vista de outras partes interessadas da sociedade, incluindo a comunidade local, bem como os interesses empresariais, pode enriquecer esse processo. Da mesma forma, as *Diretrizes* reconhecem que os governos devem ser transparentes nas suas relações com as empresas e consultá-las sobre essas mesmas questões. As empresas devem ser consideradas como parceiras do governo no desenvolvimento das políticas que as afetam e na aplicação de dispositivos voluntários e regulatórios (das quais as *Diretrizes* são um elemento).

3. Não deve haver nenhuma contradição entre a atividade das empresas multinacionais (EMNs) e o desenvolvimento sustentável, e as *Diretrizes* destinam-se a promover medidas complementares a esse respeito. Na verdade, as ligações entre o progresso econômico, social e ambiental constituem um meio fundamental para promover o objetivo do desenvolvimento sustentável.[4]

4. O capítulo IV dispõe sobre a recomendação geral relativa aos direitos humanos, no parágrafo A.2.

5. As *Diretrizes* também reconhecem e incentivam a contribuição das EMNs para a capacitação local como resultado de suas atividades nessas comunidades. Da mesma forma, a recomendação sobre a formação do capital humano é um reconhecimento explícito e prospectivo da contribuição para o desenvolvimento humano individual que as EMNs podem oferecer aos seus empregados, incluindo não somente práticas de contratação, mas também a formação e o desenvolvimento de outros empregados. A formação de capital humano incorpora também a noção de não discriminação nas práticas de contratação, bem como nas práticas de promoção, formação contínua e outros treinamentos de trabalho.

6. As *Diretrizes* recomendam que, de modo geral, as empresas evitem envidar esforços para garantir isenções não contempladas na estrutura

---

4. Uma das definições mais amplamente aceitas de desenvolvimento sustentável está na Comissão Mundial sobre Meio Ambiente e Desenvolvimento de 1987 (Comissão Brundtland): "Desenvolvimento que atende às necessidades do presente sem comprometer a capacidade das gerações futuras de atender às suas próprias necessidades".

legal ou regulatória relacionadas a direitos humanos, meio ambiente, saúde, segurança, trabalho, tributação e incentivos financeiros, entre outras questões, sem infringir o direito de uma empresa buscar mudanças na estrutura legal ou regulatória. As palavras "ou aceitar" também chamam a atenção para o papel do Estado no oferecimento dessas isenções. Embora esse tipo de disposição tenha sido dirigida tradicionalmente aos governos, as EMNs também têm relevância direta. No entanto, é importante destacar que há casos em que isenções legais específicas ou outras políticas podem estar em conformidade com a legislação por razões legítimas de política pública. Os capítulos sobre o meio ambiente e a concorrência oferecem exemplos.

7. As *Diretrizes* recomendam que as empresas apliquem boas práticas de governança corporativa decorrentes dos Princípios de Governança Corporativa da OCDE. Os Princípios exigem a proteção e a facilitação do exercício dos direitos dos acionistas, incluindo o seu tratamento justo. A empresa deve reconhecer os direitos das partes interessadas estabelecidos por lei ou por meio de acordos mútuos e incentivar a cooperação ativa dos acionistas na criação de riqueza, emprego e sustentabilidade de empresas financeiramente sólidas.

8. Os Princípios requerem que os órgãos de diretoria da matriz assegurem a orientação estratégica da empresa, promovam o monitoramento eficaz da administração e sejam responsáveis perante a empresa e os acionistas, considerando os interesses das partes interessadas. Ao assumir essas responsabilidades os órgãos de diretoria devem assegurar a integridade dos sistemas contábeis e de relatórios financeiros da empresa, incluindo auditoria independente, sistemas de controle adequados, que incluem principalmente a gestão de riscos e o controle financeiro e operacional, bem como o cumprimento da lei e dos padrões pertinentes.

9. Os Princípios abrangem todas as entidades pertencentes a um grupo empresarial, embora os órgãos de diretoria das empresas subsidiárias possam ter obrigações conforme as leis das jurisdições nas quais foram constituídas. Os sistemas de conformidade e controle deverão se estender, sempre que possível, a essas subsidiárias. Além disso, o monitoramento da governança pelos órgãos de diretoria inclui uma revisão contínua das estruturas internas para garantir posições claras de responsabilidade da administração em todo o grupo.

10. As empresas multinacionais estatais estão sujeitas às mesmas recomendações que as empresas privadas, mas o controle público é frequentemente ampliado quando o Estado é o proprietário final. As *Diretrizes da OCDE sobre Governança Corporativa das Empresas Estatais* são um guia útil e adaptado especificamente para essas empresas e as recomendações oferecidas podem melhorar significativamente a sua

governança.

11. Embora os governos sejam os principais responsáveis pela melhoria da estrutura regulatória legal e institucional, existem fortes razões corporativas para que as empresas implementem uma boa governança corporativa.

12. Uma rede crescente de instrumentos e medidas de autorregulação privadas aborda aspectos de comportamento corporativo e das relações entre empresas e a sociedade. Avanços interessantes a esse respeito estão sendo aplicados no setor financeiro. As empresas reconhecem que as suas atividades têm implicações sociais e ambientais recorrentes. Um exemplo disso é a instituição de práticas de autorregulação e sistemas de gestão por parte de empresas atentas a esses objetivos, contribuindo assim para o desenvolvimento sustentável. Por sua vez, o desenvolvimento de tais práticas pode promover relações construtivas entre as empresas e as sociedades onde operam.

13. Após a adoção de práticas de autorregulação eficazes, espera-se, naturalmente, que as empresas promovam a conscientização dos empregados sobre as políticas da empresa. Também são recomendadas garantias para proteger as "denúncias" de boa-fé, incluindo a proteção dos empregados que, na ausência de medidas corretivas céleres ou em face de um risco razoável de ação trabalhista adversa, comunicarem práticas que violam a lei às autoridades públicas competentes. Embora seja particularmente relevante para iniciativas antissuborno e ambientais, essa proteção também é relevante para outras recomendações constantes nas *Diretrizes*.

14. Para os fins das *Diretrizes*, entende-se por devida diligência o processo por meio do qual as empresas podem identificar, prevenir, mitigar e se responsabilizar pela forma como abordam os seus impactos adversos reais e potenciais como parte integrante da tomada de decisão empresarial e dos sistemas de gestão de riscos. A devida diligência pode ser incluída em sistemas mais amplos de gerenciamento de riscos corporativos, desde que vá além da simples identificação e gerenciamento de riscos substanciais para a própria empresa, a fim de incluir os riscos de impactos adversos relacionados às questões englobadas pelas *Diretrizes*. Os impactos potenciais devem ser abordados pela prevenção ou mitigação, enquanto os impactos reais devem ser abordados pela remediação. As *Diretrizes* têm relação com os impactos adversos que são causados ou que têm a contribuição da empresa, ou que estão diretamente ligados às suas operações, bens ou serviços por uma relação comercial, conforme descrito nos parágrafos A.11 e A.12. A devida diligência pode ajudar as empresas a evitar o risco desses impactos adversos. Para os fins desta recomendação, "contribuir para" um impacto adverso deve ser

interpretado como uma contribuição significativa, ou seja, uma atividade que cause, facilite ou incentive outra entidade a causar um impacto adverso e não inclui contribuições ínfimas ou comuns. A expressão "relacionamento comercial" inclui os relacionamentos de uma empresa com parceiros comerciais, entidades na cadeia de fornecimento e qualquer outra entidade estatal ou privada diretamente relacionada às suas operações comerciais, bens ou serviços. A recomendação do parágrafo A.10 aplica-se às questões englobadas pelas *Diretrizes* relacionadas aos impactos adversos. Ela não se aplica aos capítulos sobre Ciência e Tecnologia, Concorrência e Tributação.

15. A natureza e a extensão da devida diligência, como, por exemplo, as medidas específicas a serem tomadas que sejam adequadas para uma determinada situação serão afetadas por fatores como o porte da empresa, o contexto de suas operações, as recomendações específicas nas *Diretrizes* e a severidade de seus impactos adversos. No capítulo IV são apresentadas recomendações específicas para a devida diligência relacionada aos direitos humanos.

16. Quando as empresas têm um grande número de fornecedores, elas são incentivadas a identificar as áreas gerais em que o risco de impactos adversos é mais significativo e, com base nessa avaliação dos riscos, dar prioridade aos fornecedores no que diz respeito à devida diligência.

17. Para evitar causar ou contribuir para impactos adversos nas questões englobadas pelas *Diretrizes*, por meio de suas próprias atividades, as empresas também devem considerar as suas atividades na cadeia de fornecimento. As relações na cadeia de fornecimento assumem diversas formas, incluindo, por exemplo, franquias, licenciamento ou terceirização. As entidades da cadeia de fornecimento são, muitas vezes, as próprias empresas multinacionais e, em virtude desse fato, as que operam nos países aderentes à Declaração ou a partir deles são englobadas pelas *Diretrizes*.

18. No contexto da sua cadeia de fornecimento, caso a empresa identifique um risco de causar impacto adverso, ela deve tomar as medidas necessárias para cessar ou prevenir esse impacto.

19. Caso a empresa identifique um risco de contribuir para um impacto adverso, ela deve tomar as medidas necessárias para cessar ou impedir a sua contribuição e utilizar o seu poder de influência para mitigar, na maior medida possível, quaisquer impactos remanescentes. Considera-se que existe um poder de influência quando uma empresa tem a capacidade de efetuar mudanças nas práticas ilícitas da entidade que causa o dano.

20. Para cumprir com a expectativa prevista no parágrafo A.12, uma empresa, agindo sozinha ou em cooperação com outras entidades, conforme o caso,

deverá utilizar o seu poder de influência para influenciar a entidade que causa o impacto adverso a fim de prevenir ou mitigar esse impacto.

21. As *Diretrizes* reconhecem que existem limitações práticas quanto à capacidade das empresas mudarem o comportamento dos seus fornecedores. Tais limitações estão relacionadas às características do produto, número de fornecedores, estrutura e complexidade da cadeia de fornecimento, posição de mercado da empresa perante seus fornecedores ou outras entidades da cadeia de fornecimento. No entanto, as empresas também podem influenciar os fornecedores por meio de acordos contratuais, tais como contratos de gestão, requisitos de pré-qualificação para potenciais fornecedores, acordos de voto e licenças ou acordos de franquia. Outros fatores relevantes para determinar a resposta adequada aos riscos identificados incluem a gravidade e a probabilidade de impactos adversos e a importância desse fornecedor para a empresa.

22. As respostas adequadas no que diz respeito à relação comercial podem incluir a continuidade da relação com um fornecedor durante os esforços de mitigação dos riscos, a suspensão temporária desse relacionamento, enquanto se busca a mitigação contínua de riscos, ou, como último recurso, o término da relação comercial com o fornecedor após tentativas fracassadas de mitigação, ou quando a empresa considerar que a mitigação é inviável, ou devido à gravidade do impacto adverso. A empresa também deve considerar potenciais impactos sociais e econômicos adversos relacionados à sua decisão de encerramento do vínculo.

23. As empresas podem, ainda, atuar com fornecedores e outras entidades da cadeia de fornecimento para melhorar o seu desempenho, em cooperação com outras partes interessadas, inclusive por meio de treinamento de pessoal e outras formas de capacitação, assim como apoiar a integração de princípios de conduta empresarial responsável compatíveis com as *Diretrizes* nas suas práticas comerciais. Quando os fornecedores têm múltiplos clientes e estão potencialmente expostos às exigências divergentes impostas por diferentes compradores, as empresas são incentivadas, considerando devidamente as questões anticoncorrenciais, a participar de esforços de colaboração de toda a indústria e com outras empresas com as quais compartilham fornecedores comuns para coordenar as políticas da cadeia de fornecimento e as estratégias de gerenciamento de riscos, inclusive por meio do compartilhamento de informações.

24. As empresas são igualmente incentivadas a participar de iniciativas privadas ou de múltiplas partes interessadas e do diálogo social sobre a gestão responsável da cadeia de fornecimento, tais como as realizadas no âmbito da agenda proativa nos termos da Decisão do Conselho da OCDE

sobre as *Diretrizes da OCDE para Empresas Multinacionais* e as Orientações Processuais anexas.

25. A atuação das partes interessadas envolve processos interativos de engajamento com as partes interessadas relevantes através, por exemplo, de reuniões, audiências ou procedimentos de consulta. A atuação com partes interessadas é caracterizada pela comunicação mútua e depende da boa-fé dos participantes de ambos os lados. Essa atuação pode ser particularmente útil no planejamento e na tomada de decisões relativas a projetos ou outras atividades que envolvam, por exemplo, a utilização intensiva de terra ou de água que possa afetar significativamente as comunidades locais.

26. O parágrafo B.1 reconhece uma importante questão emergente. Ele não cria ou pressupõe o estabelecimento de novos padrões. Reconhece-se que as empresas têm interesses que serão afetados e que a sua participação em debates sobre questões relevantes, juntamente com outras partes interessadas, pode contribuir para a sua capacidade e a dos outros de compreender as questões e contribuir positivamente. Reconhece-se que as questões podem ter dimensões diferentes e salienta-se que a cooperação deve ser conduzida por meio de fóruns adequados. As posições adotadas pelos governos na área de comércio eletrônico na Organização Mundial do Comércio (OMC) não são prejudicadas. O parágrafo B.1 não tem como objetivo ignorar outros interesses importantes de políticas públicas que possam estar relacionados ao uso da Internet, os quais teriam de ser considerados.[5] Por fim, tal como acontece com as *Diretrizes* em geral, esse parágrafo não visa criar exigências divergentes para as empresas em conformidade com o disposto nos parágrafos 2 e 8 do capítulo sobre Conceitos e Princípios das *Diretrizes*.

27. Por fim, é importante notar que a autorregulação e outras iniciativas semelhantes, incluindo as *Diretrizes*, não devem restringir ilegalmente a concorrência, nem devem ser consideradas como uma alternativa às legislações e regulamentações adotadas pelos governos. Entende-se que, ao desenvolverem seus códigos e práticas de autorregulação, as EMNs devem evitar potenciais efeitos de distorção do comércio ou do investimento.

---

5. Alguns países fizeram referência à Agenda de Túnis 2005 para a Sociedade da Informação a esse respeito.

III. Transparência

1. As empresas devem garantir que sejam divulgadas informações claras e precisas sobre todas as questões relevantes relativas às suas atividades, estrutura, situação financeira, desempenho, propriedade e governança. Essas informações devem ser divulgadas para a empresa como um todo e, conforme o caso, para certos setores de atividade ou áreas geográficas. As políticas de transparência das empresas devem ser adaptadas à natureza, ao porte e à localização destas, considerando os custos, a confidencialidade comercial e demais questões de concorrência.

2. As políticas de transparência das empresas devem incluir, entre outras, informações substanciais sobre:

    a) resultados financeiros e operacionais da empresa;

    b) objetivos da empresa;

    c) acionistas majoritários e direitos de voto, incluindo a estrutura do grupo de empresas e as relações intragrupo, bem como mecanismos que reforcem controle;

    d) política de remuneração dos membros dos órgãos de direção e dos seus principais executivos, bem como informações sobre os membros dos órgãos de direção, incluindo suas respectivas qualificações, o processo de seleção, outras diretorias empresariais e se os órgãos de direção consideram cada um de seus membros como independentes;

    e) transações com partes relacionadas;

    f) fatores de risco previsíveis;

    g) questões relativas aos trabalhadores e outras partes interessadas;

    h) estruturas e políticas de governança, especificamente o conteúdo de qualquer código ou política de governança corporativa e o seu processo de implementação.

3. As empresas são incentivadas a comunicar informações adicionais que podem incluir:

    a) declarações de valores ou declarações de conduta corporativa destinadas à divulgação ao público, incluindo, dependendo da sua relevância para as atividades da empresa, informações sobre as políticas da empresa relativas às questões englobadas pelas *Diretrizes*;

b) políticas e outros códigos de conduta aplicados pela empresa, sua data de adoção e os países e entidades aos quais tais declarações se aplicam;

c) seu desempenho em relação a essas políticas e códigos de conduta;

d) informações sobre auditoria interna, gerenciamento de riscos e sistemas de conformidade legal;

e) informações sobre relacionamentos com trabalhadores e outras partes interessadas.

4. As empresas devem aplicar padrões de qualidade elevados para a contabilidade e a divulgação financeira e não-financeira, incluindo relatórios ambientais e sociais, sempre que existirem. Os padrões ou políticas segundo as quais as informações são compiladas e divulgadas devem ser comunicados. Uma auditoria anual deve ser conduzida por um auditor independente, competente e qualificado, a fim de fornecer uma garantia externa e objetiva aos órgãos de direção e aos acionistas de que as demonstrações financeiras apresentam a posição financeira e o desempenho da empresa em todos os aspectos relevantes de forma exata.

Comentários sobre Transparência

28. O objetivo deste capítulo é promover uma melhor compreensão das operações das empresas multinacionais. Informações claras e completas sobre as empresas são importantes para diversos usuários, desde acionistas e a comunidade financeira até outras partes interessadas, tais como trabalhadores, comunidades locais, grupos de interesse especial, governos e sociedade em geral. Para melhorar a compreensão do público das empresas e a sua interação com a sociedade e o meio ambiente, as empresas devem ser transparentes nas suas operações e responder às demandas de informação do público cada vez mais exigentes.

29. As informações destacadas neste capítulo abordam a transparência em duas áreas. O primeiro conjunto de recomendações de transparência é idêntico aos itens de transparência descritos nos Princípios de Governança Corporativa da OCDE. Os comentários relacionados fornecem orientações complementares e as recomendações das *Diretrizes* devem ser interpretadas em relação a eles. O primeiro conjunto de recomendações de transparência pode ser complementado por um segundo conjunto de

recomendações de transparência que as empresas são incentivadas a seguir. As recomendações de transparência concentram-se principalmente nas empresas de capital aberto. Na medida em que sejam consideradas aplicáveis devido ao setor, dimensão e localização das empresas, devem também ser um instrumento relevante para melhorar a governança corporativa de sociedades de capital fechado como, por exemplo, as empresas privadas ou estatais.

30. Não se espera que as recomendações de transparência imponham encargos administrativos ou custos excessivos para as empresas. Também não se espera que as empresas divulguem informações que possam colocar em perigo a sua posição concorrencial, a menos que sua divulgação seja necessária para justificar plenamente uma decisão de investimento e para evitar induzir o investidor ao erro. A fim de determinar quais informações mínimas devem ser divulgadas, as *Diretrizes* utilizam o conceito de substancialidade. As informações substanciais são aquelas cuja omissão ou inexatidão podem influenciar as decisões econômicas tomadas pelas partes que as utilizam.

31. As *Diretrizes* também salientam, de um modo geral, que as informações devem ser preparadas e divulgadas de acordo com altos padrões de qualidade relativos à contabilidade e divulgação financeira e não-financeira. Isso melhora significativamente a capacidade de monitoramento da empresa pelos investidores, fornecendo maior confiabilidade e comparabilidade dos relatórios, e melhor percepção de seu desempenho. A auditoria independente anual recomendada pelas *Diretrizes* deverá contribuir para um melhor controle e cumprimento por parte da empresa.

32. A divulgação é abordada em duas áreas. O primeiro conjunto de recomendações de transparência exige a divulgação oportuna e precisa de todos os assuntos relevantes relacionados à sociedade, incluindo a situação financeira, o desempenho, a propriedade e a governança da empresa. Espera-se também que as empresas divulguem informações suficientes sobre a remuneração dos membros dos órgãos de direção e dos seus principais executivos (individualmente ou em conjunto) para que os investidores possam avaliar conscientemente os custos e benefícios dos planos de remuneração e a contribuição dos planos de incentivo, tais como planos de opções de compra de ações, para o desempenho. As transações com partes relacionadas e fatores de risco previsíveis substanciais são informações adicionais relevantes que devem ser divulgadas, bem como questões relevantes relacionadas aos trabalhadores e outras partes interessadas.

33. As *Diretrizes* também incentivam um segundo conjunto de práticas de transparência ou divulgação em áreas nas quais os padrões de

comunicação continuam a evoluir, como, por exemplo, a comunicação social, ambiental e de risco. Esse é especificamente o caso das emissões de gases de efeito estufa, uma vez que a abrangência do seu controle continua a se expandir considerando tanto as emissões diretas como as indiretas, atuais e futuras, oriundas das empresas e dos seus produtos. A biodiversidade é outro exemplo. Muitas empresas fornecem informações sobre um conjunto de tópicos mais amplo do que o desempenho financeiro e consideram a divulgação de tais informações um método pelo qual podem demonstrar compromisso com as práticas socialmente aceitas. Em alguns casos, esse segundo tipo de divulgação - ou a comunicação com o público e com outras partes diretamente afetadas pelas atividades da empresa - pode se referir à entidades que vão além daquelas incluídas nas demonstrações financeiras da empresa. Também é possível incluir informações sobre as atividades de empresas terceirizadas e fornecedores ou de *joint ventures*, por exemplo. Tal abordagem é especificamente adequada para monitorar a transferência de atividades prejudiciais ao meio ambiente para os parceiros.

34. Muitas empresas adotaram medidas destinadas a ajudá-las a cumprir as leis e os padrões de conduta empresarial, bem como para reforçar a transparência das suas operações. Um número crescente de empresas instituiu códigos voluntários de conduta corporativa, que são expressões de compromissos com valores éticos em áreas como meio ambiente, direitos humanos, normas trabalhistas, defesa do consumidor ou tributação. Sistemas de gestão especializados foram e continuam sendo desenvolvidos, além de evoluírem com o objetivo de ajudar as empresas a respeitarem esses compromissos, incluindo sistemas de informação, procedimentos operacionais e exigências de treinamento. As empresas cooperam com ONGs e organizações intergovernamentais no desenvolvimento de padrões de relatório que aumentem a capacidade das empresas de comunicar como as suas atividades influenciam os resultados do desenvolvimento sustentável (por exemplo, a *Global Reporting Initiative*).

35. As empresas devem promover o acesso fácil e de baixo custo às informações divulgadas e considerar a utilização das tecnologias da informação para atingir esse objetivo. As informações disponibilizadas aos usuários no âmbito nacional também devem estar disponíveis a todos os demais interessados. As empresas podem tomar medidas especiais para disponibilizar informações às comunidades que não têm acesso a meios de comunicação impressos (como, por exemplo, comunidades mais carentes que são diretamente afetadas pelas atividades da empresa).

IV. Direitos Humanos

Os Estados têm o dever de proteger os direitos humanos. As empresas devem, no âmbito dos direitos humanos internacionalmente reconhecidos, das obrigações internacionais em matéria de direitos humanos dos países em que operam, bem como das leis e regulamentos nacionais relevantes:

1. Respeitar os direitos humanos, o que significa não os violar e lidar com os impactos adversos aos direitos humanos com os quais estão envolvidas.

2. No contexto de suas próprias atividades das empresas, evitar causar ou contribuir para impactos adversos aos direitos humanos e lidar com esses impactos quando ocorrerem.

3. Buscar formas de prevenir ou mitigar impactos adversos aos direitos humanos que sejam diretamente ligados às suas operações comerciais, bens ou serviços por uma relação comercial, mesmo que as empresas não tenham contribuído para esses impactos.

4. Ter um compromisso com a política de respeito aos direitos humanos.

5. Realizar a devida diligência dos direitos humanos conforme apropriado ao porte, setor e contexto das operações e à gravidade dos riscos dos impactos adversos nos direitos humanos.

6. Fornecer ou cooperar por meio de processos legítimos na remediação de impactos adversos aos direitos humanos, quando identificarem que causaram ou contribuíram para esses impactos.

Comentários sobre Direitos Humanos

36. Este capítulo se inicia com um título que define a estrutura para as recomendações específicas relativas ao respeito das empresas aos direitos humanos. Ele se baseia nos Princípios Orientadores sobre Empresas e Direitos Humanos das Nações Unidas, sob os princípios "Proteger, Respeitar e Remediar" e está em consonância com os Princípios Orientadores para a sua Implementação.

37. O capítulo e o primeiro parágrafo reconhecem que os Estados têm o dever

de proteger os direitos humanos e que as empresas, independentemente de seu porte, setor, contexto operacional, propriedade e estrutura, devem respeitá-los onde quer que operem. O respeito pelos direitos humanos é o padrão global de conduta esperada para as empresas, independentemente da capacidade e/ou da vontade dos Estados de cumprirem com as suas obrigações em matéria de direitos humanos, além de não diminuir essas obrigações.

38. A falha de um Estado em aplicar a legislação nacional pertinente ou em implementar obrigações internacionais em matéria de direitos humanos ou o fato de poder agir de modo contrário a essas leis ou obrigações internacionais não diminui a expectativa de que as empresas respeitem os direitos humanos. Em países onde as leis e regulamentações nacionais entrem em conflito com os direitos humanos reconhecidos internacionalmente, as empresas devem procurar formas de cumpri-los o máximo possível sem, no entanto, violar as leis nacionais, em consonância com o parágrafo 2 do capítulo sobre Conceitos e Princípios.

39. Em todos os casos, e independentemente do país ou contexto específico das operações das empresas, deve-se ao menos fazer referência aos direitos humanos internacionalmente reconhecidos expressos na Carta Internacional dos Direitos Humanos, incluindo a Declaração Universal dos Direitos Humanos e os principais instrumentos por meio dos quais ela foi codificada: o Pacto Internacional sobre Direitos Civis e Políticos e o Pacto Internacional sobre os Direitos Econômicos, Sociais e Culturais, bem como os princípios relativos aos direitos fundamentais estabelecidos na Declaração da Organização Internacional do Trabalho de 1998 sobre os Princípios e Direitos Fundamentais no Trabalho.

40. As empresas podem ter impacto em praticamente todo o espectro dos direitos humanos reconhecidos internacionalmente. Na prática, alguns direitos humanos podem estar em maior risco do que outros em setores ou contextos específicos e, portanto, serão o foco de maior atenção. No entanto, as situações podem evoluir, fazendo com que seja necessário revisar todos os direitos periodicamente. Dependendo das circunstâncias, as empresas podem ter que considerar padrões adicionais. Por exemplo, as empresas devem respeitar os direitos humanos dos indivíduos que pertencem a grupos ou populações específicas que exigem uma atenção especial nas situações que impactam adversamente esses direitos. Nesse sentido, os instrumentos das Nações Unidas especificaram de forma mais clara os direitos dos povos indígenas, das pessoas pertencentes a minorias nacionais ou étnicas, religiosas e linguísticas, das mulheres, das crianças, das pessoas com deficiência e dos trabalhadores migrantes e suas famílias. Além disso, em situações de conflito armado, as empresas devem respeitar os padrões do direito internacional humanitário, o que pode ajudá-las a evitar os riscos de causar ou contribuir para impactos adversos

quando operam em ambientes tão delicados.

41. No parágrafo 1, lidar com os impactos adversos reais e potenciais aos direitos humanos consiste em tomar medidas adequadas para a sua identificação e prevenção, quando possível, e mitigação de potenciais impactos sobre os direitos humanos, remediação dos impactos reais e reflexão da forma como os impactos adversos dos direitos humanos são tratados. O termo "violar" refere-se a impactos adversos que uma empresa pode ter sobre os direitos humanos dos indivíduos.

42. O parágrafo 2 recomenda que as empresas evitem causar ou contribuir para impactos adversos aos direitos humanos por meio de suas próprias atividades e lidem com esses impactos quando ocorrem. As "atividades" podem incluir ações e omissões. Quando uma empresa causa ou pode causar um impacto adverso sobre direitos humanos, ela deve tomar as medidas necessárias para cessar ou prevenir o impacto. Caso uma empresa contribua ou possa contribuir para esse impacto, ela deve tomar as medidas necessárias para cessar ou impedir a sua contribuição e utilizar o seu poder de influência para mitigar, o máximo possível, qualquer impacto remanescente. Considera-se que existe um poder de influência quando uma empresa tem a capacidade de efetuar mudanças nas práticas da entidade que causam impactos adversos aos direitos humanos.

43. O parágrafo 3 aborda situações mais complexas nas quais uma empresa não contribuiu para um impacto adverso sobre os direitos humanos, mas esse impacto está, no entanto, diretamente relacionado às suas operações, bens ou serviços pela sua relação comercial com outra entidade. O objetivo do parágrafo 3 não é transferir a responsabilidade da entidade causadora de um impacto adverso aos direitos humanos para a empresa com a qual ela tem uma relação comercial. As empresas cumprirão com a expectativa estabelecida no parágrafo 3 sempre que utilizarem o seu poder de influência para influenciar a entidade causadora do impacto adverso a fim de prevenir ou mitigar esse impacto. Conforme o caso, as empresas poderão agir sozinhas ou em cooperação com outras entidades. "Relações comerciais" inclui relacionamentos com parceiros comerciais, entidades em sua cadeia de fornecimento e qualquer outra empresa estatal ou privada diretamente vinculada às suas operações comerciais, bens ou serviços. Dentre os fatores que determinarão a ação apropriada nessas situações estão o poder de influência da empresa sobre a entidade em questão, a importância do relacionamento para a empresa, a gravidade do impacto e se o próprio fim da relação comercial com a entidade traria impactos adversos nos direitos humanos.

44. O parágrafo 4 também recomenda que as empresas expressem seu compromisso de respeitar os direitos humanos por meio de uma declaração de política que: *(i)* seja aprovada no nível mais alto da

empresa, *(ii)* seja divulgada por especialistas internos e/ou externos relevantes, *(iii)* estipule as expectativas de direitos humanos dos trabalhadores empregados pela empresa, parceiros comerciais e outras partes diretamente ligadas às suas operações, bens ou serviços, *(iv)* esteja disponível ao público e seja comunicada interna e externamente a todos os trabalhadores empregados pela empresa, parceiros comerciais e outras partes relevantes, *(v)* esteja refletida nas políticas e procedimentos operacionais necessários para incorporá-la em toda a empresa.

45. O parágrafo 5 recomenda que as empresas realizem a devida diligência dos direitos humanos. O processo envolve a avaliação dos impactos reais e potenciais sobre os direitos humanos, integrando e agindo de acordo com os resultados, rastreando as respostas e comunicando como os impactos são tratados. A devida diligência sobre direitos humanos pode ser incluída em sistemas mais amplos de gerenciamento de riscos corporativos, desde que vá além da simples identificação e gerenciamento de riscos substanciais para a própria empresa, a fim de incluir os riscos aos titulares dos direitos. É um exercício contínuo, considerando que os riscos aos direitos humanos podem evoluir ao longo do tempo, à medida que o contexto operacional e as operações da empresa sofrem mudanças. Nos parágrafos A.10 a A.12 do capítulo sobre Políticas Gerais e seus comentários, diretrizes complementares sobre a devida diligência são fornecidas, inclusive em relação às cadeias de fornecimento e respostas adequadas aos riscos decorrentes das cadeias de fornecimento.

46. Quando as empresas identificam, através do seu processo de devida diligência relacionado aos direitos humanos ou de outra forma, que causaram ou contribuíram para um impacto adverso, as *Diretrizes* recomendam que essas empresas tenham processos em vigor para permitir a remediação de tal impacto. Algumas situações exigem um trabalho conjunto com mecanismos estatais judiciais ou extrajudiciais. Em outras situações, os mecanismos de reclamação ao nível operacional disponíveis para as pessoas potencialmente impactadas pelas atividades das empresas podem ser um meio eficaz de prever promover tais processos quando cumprem os critérios fundamentais de legitimidade, acessibilidade, previsibilidade, equidade, compatibilidade com as *Diretrizes* e transparência, e quando baseiam-se no diálogo e no engajamento com o objetivo de alcançar soluções mutuamente satisfatórias. Tais mecanismos podem ser administrados exclusivamente por uma empresa ou em colaboração com outras partes interessadas, podendo ser uma fonte de aprendizagem contínua. Os mecanismos de reclamação ao nível operacional não devem ser utilizados para prejudicar o papel dos sindicatos na resolução de processos trabalhistas, nem devem impedir o acesso a mecanismos de reclamação judiciais ou extrajudiciais, incluindo os Pontos de Contato Nacionais nos termos das *Diretrizes*.

V. Emprego e Relações de Trabalho

As empresas deverão, no âmbito da legislação aplicável, dos regulamentos e das relações e práticas de trabalho em vigor, bem como dos padrões de trabalho internacionais aplicáveis:

1. a) Respeitar o direito dos trabalhadores empregados pela empresa multinacional de criar ou aderir a sindicatos e organizações representativas ao seu critério.

    b) Respeitar o direito dos trabalhadores empregados pela empresa multinacional ao reconhecimento dos sindicatos e organizações representativas da sua própria escolha para fins de acordos coletivos, e atuar em negociações construtivas, individualmente ou por meio de associações patronais, com esses representantes para chegar a acordos sobre os termos e condições de emprego.

    c) Contribuir para a abolição efetiva do trabalho infantil e tomar medidas imediatas e eficazes para garantir urgentemente a proibição e eliminação das piores formas de trabalho infantil.

    d) Contribuir para a eliminação de todas as formas de trabalho forçado ou compulsório e tomar as medidas adequadas para garantir que não exista trabalho forçado ou compulsório nas suas operações.

    e) Conduzir as suas operações com base no princípio de igualdade de oportunidade e tratamento no trabalho e não discriminar os trabalhadores no emprego ou na profissão em virtude de raça, cor, orientação sexual ou identidade de gênero, religião, opinião política, ascendência ou posição social, ou outra situação, a menos que a seletividade das características dos trabalhadores promova políticas governamentais estabelecidas que estimulem maior igualdade de oportunidade de emprego ou que sejam relacionadas às demandas de um emprego.

2. a) Proporcionar aos representantes dos trabalhadores as condições necessárias para auxiliar no desenvolvimento de acordos coletivos eficazes.

    b) Fornecer informações aos representantes dos trabalhadores que sejam necessárias para negociações significativas sobre as condições de trabalho.

c) Fornecer informações aos trabalhadores e seus representantes que permitam obter uma visão real e exata do desempenho da entidade ou, conforme o caso, da empresa como um todo.

3. Promover a consulta e a cooperação entre os empregadores e os trabalhadores e os seus representantes em questões de interesse mútuo.

4. a) Cumprir padrões de emprego e relações de trabalho não menos favoráveis do que aqueles cumpridos por empregadores semelhantes no país anfitrião.

b) Quando as empresas multinacionais operam em países em desenvolvimento, e caso não existam empregadores semelhantes, elas devem fornecer, na medida do possível, os melhores salários, benefícios e condições de trabalho no âmbito das políticas governamentais. Esses fatores devem estar relacionados à posição econômica da empresa, mas devem ser ao menos suficientes para atender às necessidades básicas dos trabalhadores e de suas famílias.

c) Tomar medidas adequadas para garantir a saúde e a segurança ocupacional nas suas operações.

5. Na medida do possível, empregar trabalhadores locais nas suas operações, e oferecer treinamento para melhorar os níveis de qualificação, em cooperação com os representantes dos trabalhadores e, conforme apropriado, com as autoridades governamentais relevantes.

6. Ao considerar as alterações nas suas operações, que possam ter efeitos substanciais nas condições de trabalho, especialmente caso haja o encerramento das atividades de uma entidade que implique dispensas ou demissões coletivas, notificar em tempo hábil tais alterações aos representantes dos trabalhadores no seu emprego e às suas organizações e, caso necessário, às autoridades governamentais competentes e cooperar com os representantes dos trabalhadores e com as autoridades governamentais competentes para mitigar, na medida do possível, os efeitos adversos. Considerando as circunstâncias específicas de cada caso, seria adequado que a administração da empresa enviasse a notificação antes da tomada de decisão final. Outros meios podem ser igualmente utilizados para proporcionar uma cooperação significativa na mitigação dos efeitos dessas decisões.

7. No contexto das negociações de boa-fé com os representantes dos trabalhadores sobre as condições de emprego, ou enquanto os trabalhadores exercerem o seu direito de organização, as empresas não devem ameaçar transferir a totalidade ou parte de uma unidade

operacional do país em questão, nem transferir trabalhadores das entidades do grupo da empresa de outros países para exercer pressões indevidas sobre essas negociações ou impedir o exercício do direito de organização.

8. Permitir que representantes autorizados dos trabalhadores, conforme seus vínculos empregatícios, negociem acordos coletivos ou questões das relações de gestão do trabalho, bem como permitir às partes que consultem questões de interesse mútuo junto aos representantes da administração autorizados a tomar decisões sobre esses assuntos.

Comentários sobre Emprego e Relações de Trabalho

47. Este capítulo se inicia com um título que inclui uma referência às leis e aos regulamentos "aplicáveis", que se destinam a reconhecer o fato de que as empresas multinacionais, enquanto operam dentro da jurisdição de determinados países, podem estar sujeitas a níveis nacionais e internacionais de regulação de emprego e relações de trabalho. Os termos "relações de trabalho em vigor" e "práticas de trabalho" são suficientemente amplos para permitir diversas interpretações de acordo com diferentes circunstâncias nacionais como, por exemplo, diferentes opções de acordo coletivo previstos aos trabalhadores nos termos das leis e regulamentos nacionais.

48. A Organização Internacional do Trabalho (OIT) é o órgão competente para estabelecer e tratar dos padrões internacionais do trabalho e para promover os direitos fundamentais no trabalho, tais como reconhecidos na sua Declaração de 1998 sobre os Princípios e Direitos Fundamentais no Trabalho. As *Diretrizes*, na qualidade de instrumento voluntário, têm um papel na promoção do cumprimento desses padrões e princípios pelas empresas multinacionais. As *Diretrizes* referem-se as disposições pertinentes da Declaração de 1998, bem como da Declaração Tripartite da OIT de 1977 a respeito de Princípios sobre Empresas Multinacionais e a Política Social, revisada pela última vez em 2006 (Declaração sobre EMNs da OIT). A Declaração sobre EMNs da OIT estabelece princípios nas áreas de emprego, formação, condições de trabalho e das relações de trabalho, enquanto as *Diretrizes* da OCDE abrangem todos os aspectos principais das condutas corporativas. As *Diretrizes* da OCDE e a Declaração sobre EMNs da OIT referem-se ao comportamento esperado das empresas e têm natureza complementar, não apresentando contradições entre si. A Declaração sobre EMNs da OIT pode, portanto, ser útil para a compreensão das *Diretrizes*, uma vez que apresenta mais detalhes. No entanto, as responsabilidades pelos procedimentos de acompanhamento nos termos da Declaração sobre EMNs da OIT e das *Diretrizes* são institucionalmente distintas.

49. A terminologia utilizada no capítulo V é consistente com a utilizada na Declaração sobre EMNs da OIT. A utilização dos termos "trabalhadores empregados pela empresa multinacional" e "trabalhadores no emprego" devem ter o mesmo significado que na Declaração sobre EMNs da OIT. Esses termos referem-se aos trabalhadores que estão "em uma relação de trabalho com a empresa multinacional". Os parágrafos 13 (a) e (b) da Recomendação da OIT nº 198 de 2006 preveem uma lista não exaustiva de indicadores para que as empresas determinem a existência de uma relação de trabalho. Essa lista poderá ser usada pelas empresas como orientação no contexto das *Diretrizes*, visando a compreensão integral da abrangência de suas responsabilidades. Além disso, reconhece-se que os acordos de trabalho evoluem e se desenvolvem ao longo do tempo e se espera que as empresas estruturem as suas relações com os trabalhadores de modo a evitar apoiar, incentivar ou participar de práticas de trabalho dissimuladas. Uma relação de trabalho dissimulada ocorre quando um empregador trata um indivíduo de maneira diferente de um empregado, de forma que oculte a sua verdadeira situação jurídica.

50. Essas recomendações não interferem nas verdadeiras relações civis e comerciais, mas buscam assegurar que os indivíduos em uma relação trabalhista tenham a devida proteção no contexto das *Diretrizes*. Fica reconhecido que, na ausência de uma relação trabalhista, as empresas devem, no entanto, atuar em conformidade com as recomendações da devida diligência baseada em riscos e da cadeia de fornecimento constantes nos parágrafos A.10 a A.13 do capítulo II sobre Políticas Gerais.

51. O parágrafo 1 deste capítulo dispõe sobre os quatro princípios e direitos fundamentais no trabalho presentes na Declaração de 1998 da OIT, a saber, a liberdade de associação e o direito ao acordo coletivo, a abolição efetiva do trabalho infantil, a eliminação de todas as formas de trabalho forçado ou compulsório, e não discriminação no emprego e na profissão. Esses princípios e direitos foram desenvolvidos sob a forma de direitos e obrigações específicos nas Convenções da OIT e reconhecidos como fundamentais.

52. O parágrafo 1c) recomenda que as empresas multinacionais contribuam para a abolição efetiva do trabalho infantil, no contexto da Declaração da OIT de 1998 e da Convenção 182 da OIT relativa às piores formas de trabalho infantil. Os instrumentos consagrados da OIT sobre o trabalho infantil são a Convenção nº 138 e a Recomendação 146 (ambas adotadas em 1973) relativas à idade mínima para o emprego. Por meio de suas práticas de gestão do trabalho, geração de empregos de qualidade elevada e bem remunerados e da sua contribuição para o crescimento econômico, as empresas multinacionais podem desempenhar um papel positivo para ajudar a resolver as causas profundas da pobreza em geral e

especificamente do trabalho infantil. É importante reconhecer e incentivar o papel das empresas multinacionais e sua contribuição na busca de uma solução duradoura para o problema do trabalho infantil. Nesse sentido, elevar os padrões de educação das crianças que vivem nos países anfitriões é fundamental.

53. O parágrafo 1d), recomenda que as empresas contribuam para a eliminação de todas as formas de trabalho forçado e compulsório, outro princípio constante na Declaração da OIT de 1998. A referência a esse direito trabalhista fundamental baseia-se nas Convenções nº 29 e nº 105 da OIT, de 1930 e 1957, respectivamente. A Convenção nº 29 exige que os governos "impeçam o uso do trabalho forçado ou compulsório sob todas as suas formas o mais rápido possível", enquanto a Convenção nº 105 exige que "reprimam e não utilizem qualquer forma de trabalho forçado ou compulsório" para determinadas finalidades listadas (por exemplo, como meios de coerção política ou disciplina de trabalho), e "tomem medidas eficazes para garantir a abolição imediata e completa". Ao mesmo tempo, entende-se que a OIT é o órgão competente para lidar com a difícil questão do trabalho involuntário de prisioneiros, especificamente no que se refere à sua contratação (ou à disponibilização de sua mão de obra) para indivíduos, empresas ou associações.

54. Considera-se que a referência ao princípio da não discriminação com relação ao emprego e à atividade profissional prevista no parágrafo 1e) se aplica aos termos e condições de contratação, atribuição de emprego, liberação, pagamento e benefícios, promoção, transferência ou recolocação, encerramento do vínculo, treinamento e aposentadoria. A lista dos motivos inadmissíveis para discriminação, conforme previstos na Convenção 111 da OIT (1958), na Convenção de Proteção à Maternidade 183 (2000), na Convenção sobre Emprego de Pessoas Deficientes 159 (1983), na Recomendação sobre Trabalhadores de Idade 162 (1980) e na Recomendação sobre o HIV e a AIDS 200 (2010), considera que qualquer distinção, exclusão ou preferência com base nessas condições constitui uma violação das Convenções, das Recomendações e dos Códigos. O termo "outra situação", para os fins das *Diretrizes*, refere-se à atividade sindical e às características pessoais, como idade, deficiência, gravidez, estado civil, orientação sexual ou caso a pessoa seja portadora do vírus HIV. Em conformidade com o disposto no parágrafo 1e, espera-se que as empresas promovam a igualdade de oportunidades entre homens e mulheres, com ênfase especial na igualdade de critérios de seleção, remuneração e promoção, bem como na igualdade de aplicação desses critérios, e impeçam discriminações ou demissões em razão de casamento, gravidez ou maternidade/paternidade.

55. No parágrafo 2c) do presente capítulo, espera-se que as informações divulgadas pelas empresas aos seus empregados e seus representantes

forneçam uma "visão real e exata" do desempenho. Essas informações têm relação com a estrutura da empresa, sua situação econômica e financeira e suas perspectivas, evolução do emprego e as alterações substanciais esperadas nas operações, considerando as exigências legítimas de confidencialidade comercial. A atenção à confidencialidade comercial pode significar que as informações sobre determinados pontos não possam ser fornecidas ou não possam ser fornecidas sem ressalvas.

56. A referência às formas consultivas de participação dos trabalhadores no parágrafo 3 do capítulo é retirada da Recomendação 94 da OIT (1952) sobre Consulta e Colaboração entre Empregadores e Trabalhadores no Âmbito da Empresa. Essa disposição está em conformidade com uma disposição prevista na Declaração sobre EMNs da OIT. Esses acordos consultivos não devem substituir o direito dos trabalhadores de negociar seus termos e condições de emprego. Uma recomendação sobre acordos consultivos no que diz respeito aos acordos de trabalho também é parte integrante do parágrafo 8.

57. No parágrafo 4, entende-se que os padrões relativos ao emprego e às relações de trabalho incluem disposições relativas à remuneração e horário de trabalho. A referência à saúde e segurança ocupacional implica que se espera que as empresas multinacionais sigam os padrões regulamentares vigentes e os padrões da indústria para minimizar o risco de acidentes e prejuízos à saúde decorrentes, relacionados ou que ocorram durante o vínculo empregatício. Isso incentiva as empresas a trabalharem para elevar o nível de desempenho com relação à saúde e segurança ocupacional em toda a sua operação, ainda que isso não seja formalmente exigido pelos regulamentos existentes nos países em que operam. Incentiva-se igualmente as empresas a respeitarem a capacidade dos trabalhadores de se retirarem de uma situação de trabalho quando houver justificativa razoável para acreditar que a atividade representa um risco iminente e grave para a saúde ou a segurança. Refletindo a sua importância e a natureza complementar entre as diversas recomendações relacionadas, as questões de saúde e segurança estão dispostas em outras partes das *Diretrizes*, a saber, nos capítulos relativos aos Interesses do Consumidor e ao Meio Ambiente. A Recomendação 194 da OIT (2002), fornece uma lista de doenças ocupacionais, bem como códigos de práticas e guias que podem ser considerados pelas empresas para a aplicação da presente recomendação das *Diretrizes*.

58. A recomendação constante no parágrafo 5 do capítulo incentiva as EMNs a recrutarem localmente uma parcela de mão de obra qualificada, incluindo empregados ligados à gestão de pessoal, e a fornecerem treinamento a esses empregados. A redação desse parágrafo sobre os níveis de formação e de competências complementa o texto do parágrafo A.4 do capítulo de Políticas Gerais sobre o incentivo à formação do capital

humano. A referência à mão de obra local complementa o texto que incentiva a capacitação local no parágrafo A.3 do capítulo de Políticas Gerais. Em conformidade com a Recomendação sobre o Desenvolvimento dos Recursos Humanos da OIT 195 (2004), as empresas são igualmente incentivadas a investir, o máximo possível, na formação e aprendizagem contínuas, assegurando a igualdade de oportunidades de formação para mulheres e outros grupos vulneráveis, como os jovens, pessoas pouco qualificadas, pessoas com deficiência, migrantes, trabalhadores de idade e os povos indígenas.

59. O parágrafo 6 recomenda que as empresas notifiquem, tempestivamente, os representantes dos trabalhadores e as autoridades governamentais pertinentes, sobre as alterações nas suas operações que possam ter efeitos importantes sobre a subsistência de seus trabalhadores, especificamente o encerramento das atividades de uma entidade que resulte em dispensas ou demissões coletivas. Conforme declarado no parágrafo, o objetivo dessa disposição é proporcionar uma oportunidade de cooperação para mitigar os efeitos dessas mudanças. Esse é um princípio importante que se reflete amplamente nas leis e práticas de relações de trabalho dos países aderentes, embora as abordagens adotadas para garantir uma oportunidade de cooperação significativa não sejam idênticas em todos esses países. O parágrafo observa também que seria adequado que, à luz de circunstâncias específicas, a administração pudesse enviar uma notificação sobre a questão antes da decisão final. Na verdade, o aviso prévio à decisão final é uma característica das leis e práticas de relações de trabalho em diversos países aderentes. No entanto, esse não é o único meio de garantir uma cooperação significativa para mitigar os efeitos de tais decisões, e as leis e práticas de outros países aderentes preveem outros meios, como períodos definidos durante os quais devem ser realizadas consultas antes da aplicação das decisões.

VI. Meio Ambiente

As empresas deverão, no âmbito das leis, regulamentos e práticas administrativas dos países em que operam e considerando os acordos, princípios, objetivos e padrões internacionais pertinentes, considerar a necessidade de proteger o meio ambiente, a saúde e segurança públicas e, de modo geral, conduzir as suas atividades de forma a contribuir para o objetivo mais amplo do desenvolvimento sustentável. Especificamente, as empresas devem:

1. Estabelecer e manter um sistema de gestão ambiental adequado às características da empresa, inclusive por meio de:

    a) coleta e avaliação de informações adequadas e tempestivas sobre os impactos das suas atividades no meio ambiente, na saúde e na segurança;

    b) estabelecimento de objetivos mensuráveis e, caso necessário, metas para melhorar o desempenho ambiental e a utilização dos recursos, incluindo a revisão periódica da relevância contínua desses objetivos. Conforme apropriado, os objetivos deverão ser consistentes com as políticas nacionais relevantes e com os compromissos ambientais internacionais; e

    c) acompanhamento e verificação regulares do progresso dos objetivos e das metas relativos ao meio ambiente, à saúde e à segurança.

2. Considerando as questões relativas aos custos, à confidencialidade comercial e à proteção dos direitos de propriedade intelectual:

    a) fornecer ao público e aos trabalhadores informações adequadas, mensuráveis e verificáveis (quando aplicável) e oportunas sobre os potenciais impactos das atividades da empresa sobre meio ambiente, saúde e segurança, o que poderia incluir relatórios sobre o progresso da melhoria do desempenho ambiental; e

    b) engajar-se com comunicação e consulta adequadas e oportunas com as comunidades diretamente afetadas pelas suas políticas ambientais, de saúde e de segurança e por sua implementação.

3. Abordar, inclusive no processo de tomada de decisão, os impactos

previsíveis ao meio ambiente, à saúde e à segurança associados às operações, bens e serviços da empresa durante todo o seu ciclo de vida, a fim de evitá-los ou, se forem inevitáveis, mitigá-los. Caso as atividades propostas possam resultar em um impacto significativo no meio ambiente, na saúde ou na segurança, e se forem objeto de uma decisão de uma autoridade competente, preparar uma avaliação de impacto ambiental adequada.

4. Caso existam ameaças de danos graves ao meio ambiente, considerando também a saúde e a segurança humanas, não utilizar a falta de plena certeza científica como motivo para adiar medidas eficientes para prevenir ou minimizar tais danos, de forma consistente com a compreensão científica e técnica dos riscos.

5. Manter planos de contingência para prevenir, mitigar e controlar graves danos ambientais e sanitários causados pelas suas operações, incluindo acidentes e emergências. Ademais, as empresas devem desenvolver mecanismos de comunicação imediata às autoridades competentes.

6. Procurar melhorar continuamente o desempenho ambiental das empresas, no nível interno e, caso necessário, da sua cadeia de fornecimento, incentivando medidas como:

    a) A adoção de tecnologias e procedimentos operacionais que reflitam padrões relativos ao desempenho ambiental em todos os seguimentos da empresa, inclusive naqueles com o melhor desempenho;

    b) O desenvolvimento e fornecimento de bens ou serviços que não tenham impactos ambientais indevidos, que forneçam segurança para a sua utilização pretendida, reduzam as emissões de gases de efeito estufa, sejam eficientes no seu consumo de energia e de recursos naturais e que possam ser reutilizados, reciclados ou eliminados com segurança;

    c) A promoção de níveis mais elevados de conscientização dos consumidores sobre as implicações ambientais da utilização dos bens e serviços da empresa, incluindo a prestação de informações precisas sobre os seus produtos (por exemplo, sobre as emissões de gases de efeito estufa, a biodiversidade, a eficiência dos recursos ou outras questões ambientais); e

    d) A exploração e avaliação de formas de melhorar o desempenho ambiental da empresa no longo prazo como, por exemplo, desenvolvendo estratégias de redução das emissões, utilização e reciclagem eficientes dos recursos, substituição ou redução da utilização de substâncias tóxicas ou estratégias em matéria de biodiversidade.

7. Oferecer orientação e formação adequadas aos trabalhadores em questões de saúde e segurança ambientais, incluindo o manuseio de materiais perigosos e a prevenção de acidentes ambientais, bem como em áreas de gestão ambiental mais gerais, tais como procedimentos de avaliação de impacto ambiental, relações públicas, e tecnologias ambientais.

8. Contribuir para o desenvolvimento de políticas públicas ambientalmente pertinentes e economicamente eficientes, por exemplo, por meio de parcerias ou iniciativas que aumentem a conscientização e a proteção ambientais.

Comentários sobre Meio Ambiente

60. O texto do capítulo de Meio Ambiente reflete amplamente os princípios e objetivos presentes na Declaração do Rio sobre Meio Ambiente e Desenvolvimento, na Agenda 21 (no âmbito da Declaração do Rio). O texto também considera a Convenção de Aarhus sobre Acesso à Informação, Participação do Público no Processo de Tomada de Decisão e Acesso à Justiça sobre Meio Ambiente, além de refletir os padrões previstos em instrumentos como a Norma ISO sobre Sistemas de Gestão Ambiental.

61. Uma gestão ambiental sólida é parte importante do desenvolvimento sustentável, além de ser cada vez mais vista como uma responsabilidade empresarial e uma oportunidade comercial. As empresas multinacionais têm um papel a desempenhar em ambos esses aspectos. Por conseguinte, os gestores dessas empresas devem dar a devida atenção às questões ambientais no âmbito das suas estratégias empresariais. Melhorar o desempenho ambiental exige um compromisso com uma abordagem sistemática e com a melhoria contínua do sistema. Um sistema de gestão ambiental fornece a estrutura interna necessária para controlar os impactos ambientais de uma empresa e integrar considerações ambientais nas operações comerciais. A existência de um sistema desse tipo tem como objetivo de ajudar a garantir aos acionistas, empregados e à comunidade que a empresa está trabalhando ativamente para proteger o meio ambiente dos impactos de suas atividades.

62. Além de melhorar o desempenho ambiental, a instituição de um sistema de gestão ambiental pode proporcionar benefícios econômicos às empresas por meio da redução dos custos operacionais e de seguros, melhoria da conservação da energia e dos recursos, redução dos custos de conformidade e de obrigações, melhoria do acesso ao capital e às competências, melhoria na satisfação dos clientes e da comunidade e nas

relações públicas.

63. No contexto das presentes *Diretrizes*, a "gestão ambiental sólida" deve ser interpretada no seu sentido mais amplo, incorporando atividades destinadas a controlar os impactos ambientais diretos e indiretos das atividades empresariais no longo prazo e incluindo tanto o controle da poluição quanto os elementos relacionados à gestão dos recursos.

64. Na maioria das empresas, é necessário um sistema de controle interno de gerenciamento de suas atividades. A parte ambiental desse sistema pode incluir elementos como objetivos de melhoria do desempenho e acompanhamento periódico dos progressos realizados para atingir esses objetivos.

65. As informações sobre as atividades das empresas e sobre as suas relações com as empresas terceirizadas e os seus fornecedores, bem como os impactos ambientais associados às suas operações, constituem um veículo importante para estabelecer a confiança do público. Esse veículo é mais eficaz quando a informação é fornecida de forma transparente e quando incentiva a consulta ativa com partes interessadas, tais como empregados, clientes, fornecedores, terceirizados, comunidades locais e com o público em geral, de forma a promover um ambiente duradouro de confiança e de compreensão sobre questões ambientais de interesse mútuo. Os relatórios e a comunicação são especificamente adequados com relação aos ativos ambientais escassos ou de risco, seja num contexto regional, nacional ou internacional. Padrões de relatórios, como a *Global Reporting Initiative*, fornecem referências relevantes.

66. Ao fornecerem informações precisas sobre os seus produtos, as empresas dispõem de várias opções, tais como a rotulagem voluntária ou os sistemas de certificação. Ao utilizar esses instrumentos, as empresas devem considerar adequadamente os seus efeitos sociais e econômicos nos países em desenvolvimento e os padrões internacionalmente reconhecidos existentes.

67. A atividade comercial normal pode envolver a avaliação *ex ante* dos potenciais impactos ambientais associados às atividades da empresa. As empresas realizam frequentemente avaliações de impacto ambiental adequadas, mesmo que não sejam exigidas por lei. As avaliações ambientais efetuadas pela empresa podem conter uma visão ampla e prospectiva dos potenciais impactos das suas atividades e das atividades de empresas terceirizadas e fornecedores, abordando os impactos relevantes e examinando alternativas e medidas de mitigação para evitar ou remediar os impactos adversos. As *Diretrizes* reconhecem igualmente que as empresas multinacionais têm determinadas responsabilidades em outras partes do ciclo de vida do produto.

68. Diversos instrumentos já adotados pelos países aderentes às *Diretrizes*, incluindo o Princípio 15 da Declaração do Rio sobre Meio Ambiente e Desenvolvimento, enunciam uma "abordagem de precaução". Nenhum desses instrumentos é explicitamente dirigido às empresas, embora as suas contribuições estejam implícitas em todos eles.

69. A premissa básica das *Diretrizes* é que as empresas devem agir o mais rápido possível e de forma proativa para evitar, por exemplo, danos ambientais graves ou irreversíveis resultantes das suas atividades. No entanto, como as *Diretrizes* são dirigidas às empresas, nenhum instrumento existente é totalmente adequado para expressar essa recomendação. Dessa forma, as *Diretrizes* baseiam-se em diversos instrumentos existentes, mas não os refletem completamente.

70. As *Diretrizes* não se destinam a reinterpretar os instrumentos existentes nem a criar novos compromissos ou precedentes por parte dos governos. Elas se destinam apenas a recomendar a aplicação de uma abordagem de precaução por parte das empresas. Mediante a fase inicial desse processo, reconhece-se que é necessária alguma flexibilidade na sua aplicação, com base no contexto específico em que é realizado. Reconhece-se também que os governos determinam a estrutura básica relativa à essa questão e que têm a responsabilidade de consultar periodicamente as partes interessadas sobre os caminhos mais adequados a serem seguidos.

71. As *Diretrizes* incentivam igualmente as empresas a trabalharem para elevar o nível de desempenho ambiental em todas as partes das suas operações, mesmo que isso não seja formalmente exigido pelas práticas existentes nos países em que operam. A esse respeito, as empresas devem considerar devidamente os efeitos sociais e econômicos das suas operações nos países em desenvolvimento.

72. Por exemplo, as empresas multinacionais têm frequentemente acesso a tecnologias ou procedimentos operacionais existentes e inovadores que poderiam, se aplicados, ajudar a aumentar o desempenho ambiental em geral. As empresas multinacionais geralmente são consideradas líderes nas suas respectivas áreas, de modo que o seu potencial para um "efeito de demonstração" para outras empresas não deve ser ignorado. Garantir que o meio ambiente dos países onde as empresas multinacionais operam também se beneficie das tecnologias e práticas disponíveis e inovadoras é uma forma importante de reforçar o apoio às atividades de investimento internacional de uma forma geral.

73. As empresas têm um papel importante na formação e educação dos seus empregados sobre as questões ambientais. Elas devem assumir essa responsabilidade da forma mais ampla possível, em especial em áreas diretamente relacionadas à saúde e segurança humanas.

VII. Combate à Corrupção, à Solicitação de Suborno e à Extorsão

As empresas não devem, direta ou indiretamente, oferecer, prometer, dar ou exigir suborno ou outra vantagem indevida para obter ou manter negócios ou outra vantagem indevida. As empresas também devem resistir à solicitação de subornos e extorsão. Especificamente, as empresas devem:

1. Não oferecer, prometer ou conceder vantagens econômicas indevidas ou outras para funcionários públicos ou empregados de parceiros comerciais. Do mesmo modo, as empresas não devem solicitar, concordar ou aceitar vantagens econômicas indevidas por parte de funcionários públicos ou empregados de parceiros comerciais. As empresas não devem recorrer a terceiros, tais como agentes e outros intermediários, consultores, representantes, distribuidores, consórcios, empresas terceirizadas, fornecedores e parceiros de *joint venture*, para canalizar vantagens econômicas indevidas ou outras para funcionários públicos ou para empregados dos seus parceiros comerciais ou para seus parentes ou associados comerciais.

2. Desenvolver e adotar controles internos adequados, códigos de ética e de conformidade ou medidas de prevenção e detecção de subornos com base em uma avaliação de risco que aborde as circunstâncias individuais da empresa, em especial os seus riscos de suborno (de acordo com a área geográfica e o setor de atividade). Esses controles internos, programas ou códigos de ética e conformidade devem incluir um sistema de procedimentos financeiros e contábeis, incluindo um sistema de controles internos razoavelmente planejado para garantir a manutenção de livros, registros e contas claras e exatas, a fim de assegurar que eles não sejam usados com a finalidade de suborno ou para ocultar suborno. Essas circunstâncias individuais e os riscos de suborno deverão ser regularmente monitorados e reavaliados, conforme necessário, para assegurar que os controles internos, o programa ou os códigos de ética e de conformidade da empresa sejam adaptados e continuem a ser eficazes, além de mitigar o risco das empresas se tornarem cúmplices da corrupção, solicitação de suborno e extorsão.

3. Proibir ou desencorajar, nos controles internos da empresa, nos programas

ou nas medidas de ética e conformidade, o uso de pequenos pagamentos de facilitação que são, em geral, ilegais nos países onde são efetuados e, se e quando esses pagamentos forem feitos, registrá-los de modo exato nos livros e registros financeiros.

4. Assegurar, considerando os riscos específicos de suborno que a empresa enfrenta, a devida diligência adequadamente documentada relativa à contratação, bem como a supervisão apropriada e regular dos intermediários, e que a remuneração dos intermediários seja adequada e apenas para serviços legítimos. Caso pertinente, uma lista dos intermediários relacionados às negociações com os órgãos públicos e as empresas estatais deverá ser mantida e disponibilizada às autoridades competentes, em consonância com as exigências aplicáveis de transparência.

5. Aumentar a transparência das suas medidas de combate à corrupção, à solicitação de suborno e à extorsão. As medidas podem incluir compromissos públicos contra a corrupção, a solicitação de suborno e a extorsão, bem como compromissos para divulgação dos sistemas de gestão e controles internos, dos programas de ética e de conformidade ou das medidas adotadas pelas empresas para honrar esses compromissos. As empresas deverão igualmente promover a abertura e o diálogo com o público, a fim de promover a conscientização e cooperação no combate à corrupção, à solicitação de suborno e à extorsão.

6. Promover a conscientização dos empregados e o cumprimento das políticas e controles internos da empresa, códigos de ética e conformidade ou medidas contra a corrupção, a solicitação de suborno e a extorsão por meio da divulgação adequada de tais políticas, programas ou medidas e por meio de programas de treinamento e procedimentos disciplinares.

7. Não fazer contribuições ilegais para candidatos a cargos públicos ou para partidos políticos ou outras organizações políticas. As contribuições políticas devem cumprir todas as exigências de divulgação pública, além de serem comunicadas à alta administração da empresa.

Comentários sobre Combate à Corrupção, à Solicitação de Suborno e à Extorsão

74. O suborno e a corrupção são prejudiciais para as instituições democráticas e para a governança das sociedades. Eles desestimulam o investimento e distorcem as condições concorrenciais ao nível internacional. De modo específico, o desvio de recursos por meio de práticas corruptas prejudica as tentativas dos cidadãos de alcançar níveis mais elevados de bem-estar econômico, social e ambiental e impede os esforços para redução da pobreza. As empresas têm um papel importante no combate a essas

práticas.

75. A propriedade, a integridade e a transparência nos domínios público e privado são conceitos-chave no combate à corrupção, à solicitação de suborno e à extorsão. As empresas, as organizações não governamentais, os governos e as organizações intergovernamentais têm cooperado para reforçar o apoio público às medidas anticorrupção e reforçar a transparência e a conscientização do público para os problemas da corrupção e do suborno. A adoção de práticas apropriadas de governança corporativa é também um elemento essencial para promover uma cultura de ética dentro das empresas.

76. A *Convenção sobre o Combate da Corrupção de Funcionários Públicos Estrangeiros em Transações Comerciais Internacionais* (*Convenção Antissuborno*) entrou em vigor em 15 de fevereiro de 1999. A *Convenção Antissuborno*, assim como a *Recomendação sobre o Combate à Corrupção de Funcionários Públicos Estrangeiros em Transações Comerciais Internacionais de 2009* (*Recomendação Antissuborno de 2009*), a *Recomendação sobre Medidas Fiscais para o Combate à Corrupção de Funcionários Públicos Estrangeiros em Transações Comerciais Internacionais, (2009)*, e a *Recomendação sobre Suborno e Créditos de Exportação com Apoio Oficial (2006)* são os principais instrumentos da OCDE que visam o lado da oferta da transação de suborno. O objetivo é eliminar o "oferecimento" de subornos a funcionários públicos estrangeiros, com cada país assumindo a sua responsabilidade pelas atividades de suas empresas e o que acontece dentro de sua própria jurisdição.[6] Um programa de monitoramento rigoroso e sistemático da implementação da Convenção Antissuborno por parte dos países foi criado para promover a plena aplicação desses instrumentos.

77. A *Recomendação Antissuborno* de 2009 recomenda, especificamente, que os governos incentivem as suas empresas a desenvolverem e adotarem

---

6. Para os fins da Convenção, entende-se por "suborno" uma "...oferta, promessa ou entrega de qualquer vantagem econômica ou outra vantagem indevida, seja diretamente ou por intermediários, a um funcionário público estrangeiro, em benefício desse funcionário ou de um terceiro, de modo que o funcionário atue ou se abstenha de atuar em relação ao desempenho de funções oficiais, para obter ou manter negócios ou outras vantagens indevidas na condução de negócios internacionais". Os Comentários à Convenção (parágrafo 9) esclarecem que "pequenos pagamentos de 'facilitação' não constituem pagamentos efetuados para obter ou manter negócios ou outras vantagens indevidas" na acepção do parágrafo 1 e, por conseguinte, também não constituem infrações. Esses pagamentos que são feitos em alguns países para induzir funcionários públicos a desempenhar as suas funções, tais como a emissão de licenças ou alvarás, são geralmente ilegais no país estrangeiro em questão. Outros países podem e devem abordar esse fenômeno negativo através de diversas iniciativas, tais como o apoio a programas de boa governança...".

programas ou medidas de controle interno, éticas e de conformidade adequadas para efeitos de prevenção e detecção de subornos estrangeiros, considerando o *Guia de Boas Práticas sobre Controles Internos, Ética e Conformidade*, incluído como Anexo II da *Recomendação Antissuborno de 2009*. O *Guia de Boas Práticas* destina-se às empresas, bem como às organizações empresariais e às associações profissionais, e destaca as boas práticas para garantir a eficácia dos seus controles internos, dos seus programas de ética e de conformidade ou das medidas de prevenção e detecção de subornos estrangeiros.

78. As iniciativas do setor privado e da sociedade civil também ajudam as empresas a conceber e implementar políticas eficazes de combate à corrupção.

79. A *Convenção das Nações Unidas contra a Corrupção* (*UNCAC*), que entrou em vigor em 14 de dezembro de 2005, estabelece diversos padrões, medidas e regras para combater a corrupção. Nos termos da *UNCAC*, os Estados-Partes devem proibir os seus funcionários de receber subornos e as suas empresas de subornar funcionários públicos nacionais, bem como funcionários públicos estrangeiros e funcionários de organizações públicas internacionais, e proibir o suborno entre empresas privadas. A *UNCAC* e a *Convenção Antissuborno* se apoiam e se complementam mutuamente.

80. Para tratar com o lado da demanda do suborno, as boas práticas de governança são elementos importantes para impedir que as empresas sejam solicitadas a pagá-los. As empresas podem apoiar iniciativas de ação coletiva para resistir à solicitação de suborno e à extorsão. Os governos dos locais onde as matrizes estão localizadas e os governos anfitriões devem auxiliar as empresas que recebem solicitação de suborno e extorsão. O *Guia de Boas Práticas sobre Artigos Específicos da Convenção*, constante no Anexo I da *Recomendação Antissuborno de 2009*, estipula que a *Convenção Antissuborno* deve ser aplicada de modo a não constituir uma defesa ou exceção quando o funcionário público estrangeiro solicitar um suborno. Além disso, a *UNCAC* exige a criminalização da solicitação de suborno por funcionários públicos nacionais.

VIII. Interesses do Consumidor

Ao lidar com os consumidores, as empresas devem agir de acordo com práticas comerciais, de *marketing* e publicidade leais e tomar todas as medidas razoáveis para garantir a qualidade e a confiabilidade dos bens e serviços que prestam. De modo específico, devem:

1. Garantir que os bens e serviços fornecidos por elas cumprem todos os padrões acordados ou legalmente exigidos para a saúde e segurança do consumidor, incluindo os padrões relativos a questões de saúde e informações de segurança.

2. Fornecer informações corretas, verificáveis e claras que sejam suficientes para que os consumidores possam tomar decisões conscientes e embasadas, incluindo informações sobre preços e, caso necessário, conteúdo, utilização segura, características ambientais, manutenção, armazenamento e descarte de bens e serviços. Sempre que possível, essas informações devem ser fornecidas de forma a facilitar a capacidade de comparação de produtos por parte dos consumidores.

3. Proporcionar aos consumidores acesso a mecanismos extrajudiciais de resolução e reparação de litígios que sejam justos, de fácil utilização, oportunos e eficazes, sem custos ou encargos desnecessários.

4. Não fazer declarações ou omissões, nem se envolver em quaisquer outras práticas que sejam falsas, enganosas, fraudulentas ou injustas.

5. Apoiar os esforços para promover a educação dos consumidores em áreas relacionadas às suas atividades empresariais, com o objetivo de melhorar a capacidade dos consumidores para: *i)* tomar decisões conscientes e embasadas que envolvam mercadorias, serviços e mercados complexos, *ii)* compreender melhor o impacto econômico, ambiental e social das suas decisões e *iii)* apoiar o consumo sustentável.

6. Respeitar a privacidade do consumidor e tomar medidas adequadas para garantir a segurança dos dados pessoais que coletam, armazenam, processam ou divulgam.

7. Cooperar plenamente com as autoridades públicas a fim de prevenir e combater práticas enganosas de *marketing* (incluindo publicidade

enganosa e fraude comercial) e reduzir ou prevenir ameaças graves para a saúde pública e a segurança ou para o ambiente decorrentes do consumo, utilização ou descarte de seus produtos e serviços.

8. Na aplicação dos princípios mencionados acima, considerar *i)* as necessidades dos consumidores vulneráveis e desfavorecidos e *ii)* os desafios específicos que o comércio eletrônico pode representar para os consumidores.

Comentários sobre Interesses do Consumidor

81. O capítulo sobre os interesses do consumidor incluído nas *Diretrizes* da OCDE para Empresas Multinacionais baseia-se no trabalho do Comitê de Política do Consumidor da OCDE e do Comitê de Mercados Financeiros, bem como no trabalho de outras organizações internacionais, incluindo a Câmara de Comércio Internacional, a Organização Internacional para Padronização (ISO) e as Nações Unidas (ou seja, as *Diretrizes da ONU sobre Política do Consumidor*, conforme ampliadas em 1999).

82. O capítulo reconhece que a satisfação dos consumidores e os interesses relacionados constituem uma base fundamental para o bom funcionamento das empresas. Reconhece também que os mercados de consumo de bens e serviços sofreram grandes transformações ao longo do tempo. A reforma regulamentar, os mercados globais mais abertos, o desenvolvimento de novas tecnologias e o crescimento dos serviços aos consumidores têm sido agentes fundamentais de mudança, proporcionando aos consumidores maior variedade de escolha e outros benefícios decorrentes de uma concorrência mais aberta. Simultaneamente, o ritmo das mudanças e a maior complexidade de muitos mercados fizeram com que ficasse mais difícil a comparação e avaliação de bens e serviços pelos consumidores. Além disso, o perfil dos consumidores também evoluiu ao longo do tempo. As crianças estão se tornando cada vez mais importantes no mercado, assim como o crescente número de idosos. Embora a formação e orientação dos consumidores tenha, de uma forma geral, aumentado, muitos ainda não têm as habilidades de aritmética e alfabetização necessárias no mercado atual, que é mais complexo e com fluxo intenso de informações. Além disso, muitos consumidores estão cada vez mais interessados em conhecer a posição e as atividades das empresas com relação a uma ampla gama de questões econômicas, sociais e ambientais, e consideram esses fatores ao escolher bens e serviços.

83. O capítulo orienta as empresas a aplicarem práticas comerciais, de *marketing* e publicidade leais e garantirem a qualidade e a confiabilidade dos produtos que fornecem. Esses princípios se aplicam tanto aos bens

como aos serviços.

84. O parágrafo 1 enfatiza a importância das empresas respeitarem os padrões de saúde e segurança exigidos e a importância de fornecerem aos consumidores informações adequadas referente à saúde e segurança dos seus produtos.

85. O parágrafo 2 dispõe sobre a divulgação de informações. Ele orienta que as empresas forneçam informações suficientes para que os consumidores tomem decisões conscientes e embasadas. Isso inclui informações sobre os riscos financeiros associados aos produtos, conforme o caso. Além disso, em alguns casos as empresas são legalmente obrigadas a fornecer informações que permitam que os consumidores façam comparações diretas de bens e serviços (por exemplo, preços unitários). Na ausência de legislação direta, as empresas são incentivadas a apresentar informações aos consumidores que facilitem comparações de bens e serviços e que permitam que os consumidores determinem facilmente qual será o custo total de um produto. Deve-se observar que o que é considerado "suficiente" pode mudar ao longo do tempo e que as empresas devem responder a essas mudanças. Quaisquer reivindicações sobre produtos e meio ambiente que as empresas apresentarem devem ser baseadas em evidências adequadas e, conforme o caso, testes adequados. Considerando o crescente interesse dos consumidores pelas questões ambientais e pelo consumo sustentável, devem ser fornecidas informações sobre as características ambientais dos produtos, conforme o caso. Isso poderá incluir informações sobre a eficiência energética e o grau de reciclagem dos produtos e, no caso dos produtos alimentares, informações sobre as práticas agrícolas.

86. A conduta empresarial é cada vez mais considerada pelos consumidores ao tomarem suas decisões de compra. Por conseguinte, as empresas são incentivadas a disponibilizar informações sobre as iniciativas que tomaram para integrar as preocupações sociais e ambientais nas suas operações comerciais e apoiar o consumo sustentável. O capítulo III das *Diretrizes* sobre Transparência é relevante a esse respeito. As empresas são incentivadas a comunicar ao público declarações de valor ou declarações de conduta empresarial, incluindo informações sobre as políticas sociais, éticas e ambientais da empresa e outros códigos de conduta adotados pela empresa. As empresas devem disponibilizar essas informações em linguagem simples e em formato condizentes com as expectativas dos consumidores. O aumento do número de empresas que fornecem informações sobre essas questões aos consumidores seria positivo.

87. O parágrafo 3 reflete a linguagem utilizada na *Recomendação sobre Resolução de Disputas e Ressarcimento dos Consumidores* do Conselho

de 2007. A Recomendação estabelece uma estrutura para o desenvolvimento de abordagens eficazes para lidar com as reivindicações dos consumidores, incluindo diversas medidas que a indústria pode tomar a esse respeito. Observa-se que os mecanismos que muitas empresas estabeleceram para resolver disputas relacionadas ao consumo ajudaram a aumentar a confiança e a satisfação dos consumidores. Esses mecanismos podem fornecer soluções mais viáveis para as reivindicações do que ações judiciais, que podem ser dispendiosas, complicadas e demoradas para todas as partes envolvidas. No entanto, para que esses mecanismos extrajudiciais sejam efetivos, os consumidores devem ser informados da sua existência e se beneficiar de guias sobre como apresentar reivindicações, especialmente quando estas envolvem transações internacionais ou multidimensionais.

88. O parágrafo 4 diz respeito às práticas comerciais falsas, enganosas, fraudulentas e outras práticas comerciais desleais. Essas práticas podem corromper os mercados à custa dos consumidores e das empresas responsáveis, e não devem ser adotadas.

89. O parágrafo 5 refere-se à educação dos consumidores, que assumiu maior importância com a crescente complexidade de muitos mercados e produtos. Os governos, as organizações de consumidores e muitas empresas reconheceram que essa é uma responsabilidade conjunta e que podem desempenhar um papel importante a esse respeito. As dificuldades que os consumidores têm enfrentado na avaliação de produtos complexos em áreas financeiras e outras ressaltam a importância das partes interessadas trabalharem em conjunto para promover a educação com o objetivo de melhorar o processo de tomada de decisão dos consumidores.

90. O parágrafo 6 fala sobre aos dados pessoais. A crescente coleta e utilização de dados pessoais pelas empresas, impulsionada em parte pela Internet e pelos avanços tecnológicos, destacou a importância de protegê-los contra violações da privacidade dos consumidores, incluindo violações de segurança.

91. O parágrafo 7 destaca a importância das empresas trabalharem com as autoridades públicas para ajudar a prevenir e combater de forma mais eficaz as práticas enganosas de *marketing*. A cooperação é igualmente necessária para diminuir ou prevenir ameaças à saúde pública e à segurança e ao meio ambiente. Isso inclui ameaças associadas ao descarte de itens, bem como seu consumo e uso. Isso reflete o reconhecimento da importância de considerar todo o ciclo de vida dos produtos.

92. O parágrafo 8 orienta as empresas para que considerem as situações de consumidores vulneráveis e desfavorecidos ao comercializarem bens e serviços. Estes são consumidores específicos ou categorias de consumidores que, devido às características pessoais ou circunstâncias

(como idade, capacidade mental ou física, educação, renda, idioma ou localização remota), podem enfrentar determinadas dificuldades específicas para atuar nos mercados globalizados e com fluxo intenso de informações. O parágrafo destaca também a importância crescente do comércio por dispositivos móveis e de outras formas de comércio eletrônico nos mercados globais. Os benefícios proporcionados por esse tipo de comércio são significativos e crescentes. Os governos passaram um tempo considerável examinando formas de garantir que os consumidores recebam uma proteção transparente e eficaz, que não seja menor no caso do comércio eletrônico do que o nível de proteção proporcionado nas formas mais tradicionais de comércio.

IX. Ciência e Tecnologia

As empresas devem:

1. Buscar assegurar a compatibilidade das atividades com as políticas e os planos científicos e tecnológicos (C&T) dos países onde operam e, caso necessário, contribuir para o desenvolvimento de capacidades inovadoras locais e nacionais.

2. Adotar, sempre que possível, práticas que permitam a transferência e a divulgação rápida de tecnologias e conhecimento nas suas atividades comerciais, considerando devidamente a proteção dos direitos de propriedade intelectual.

3. Sempre que possível, realizar trabalhos de desenvolvimento científico e tecnológico nos países anfitriões para atender às necessidades do mercado local, bem como empregar pessoal do país anfitrião com capacidade de Ciência e Tecnologia e incentivar a sua formação, considerando as suas necessidades comerciais.

4. Ao transferir tecnologia, seja através da concessão de licenças para o uso de direitos de propriedade intelectual ou outro modo, fazê-lo em termos e condições razoáveis e de forma que contribua para o desenvolvimento sustentável no longo prazo do país anfitrião.

5. Caso seja relevante para os seus objetivos comerciais, desenvolver vínculos com as universidades locais, instituições públicas de pesquisa e participar de projetos de pesquisa em cooperação com a indústria local ou associações setoriais.

Comentários sobre Ciência e Tecnologia

93. Em uma economia globalizada e baseada no conhecimento, na qual as fronteiras nacionais pouco importam, até mesmo para as pequenas empresas ou as empresas que operam apenas no mercado interno, a capacidade de acessar e utilizar a tecnologia e o conhecimento é essencial para a melhoria no desempenho. Esse acesso é igualmente importante para concretizar os efeitos econômicos do progresso tecnológico no contexto

do desenvolvimento sustentável, incluindo o crescimento da produtividade e a criação de emprego. As empresas multinacionais são o principal meio de transferência internacional de tecnologia. Elas contribuem para a capacidade de inovação dos seus países anfitriões, gerando, difundindo e possibilitando, inclusive, a utilização de novas tecnologias pelas empresas e instituições nacionais. As atividades de Pesquisa e Desenvolvimento das EMNs, quando interligadas de modo adequado ao sistema de inovação nacional, podem contribuir para reforçar o progresso econômico e social nos seus países anfitriões. Por sua vez, o desenvolvimento de um sistema dinâmico de inovação no país anfitrião amplia as oportunidades comerciais para as EMNs.

94. Dessa forma, esse capítulo visa a promover, dentro dos limites da viabilidade econômica, das questões concorrenciais e de outras considerações, a divulgação dos resultados das atividades de pesquisa e desenvolvimento pelas empresas multinacionais nos países onde operam, contribuindo assim para a capacitação de inovação dos países anfitriões. Nesse sentido, a promoção da difusão tecnológica pode incluir a comercialização de produtos que incorporam novas tecnologias, o licenciamento de inovações de processos, a contratação e formação de pessoal de Ciência e Tecnologia e o desenvolvimento de projetos de cooperação nas áreas de Pesquisa e Desenvolvimento. Ao vender ou licenciar tecnologias, não só os termos e condições negociados devem ser razoáveis, como as EMNs devem considerar os impactos das tecnologias no desenvolvimento, no meio ambiente e outros impactos no longo prazo para os países nos quais as empresas foram constituídas e nos países anfitriões. Ao realizar as suas atividades, as empresas multinacionais podem estabelecer e melhorar a capacidade de inovação das suas subsidiárias e empresas terceirizadas internacionais. Além disso, as EMNs podem chamar a atenção para a importância da infraestrutura científica e tecnológica local, tanto física quanto institucional. Nesse sentido, as EMNs podem contribuir de forma fundamental para a formulação de estruturas políticas que conduzam o desenvolvimento de sistemas dinâmicos de inovação pelos governos dos países nos quais foram constituídas.

X. Concorrência

As empresas devem:

1. Exercer as suas atividades de forma coerente com todas as leis e regulamentos aplicáveis em matéria de concorrência, considerando as leis relativas à concorrência de todas as jurisdições em que as atividades possam ter efeitos anticoncorrenciais.

2. Não devem celebrar ou executar acordos anticoncorrenciais entre concorrentes, incluindo acordos para:

    a) determinar preços;

    b) apresentar propostas falsas (concorrência fraudulenta);

    c) estabelecer restrições de produção ou cotas; ou

    d) compartilhar ou dividir mercados por meio da atribuição de clientes, fornecedores, territórios ou linhas de comércio.

3. Cooperar com as autoridades de investigação em temas de concorrência, através do fornecimento de respostas rápidas e completas, na medida do possível, aos pedidos de informação e da ponderação quanto ao uso de instrumentos disponíveis, tais como renúncias a confidencialidade, entre outros. Tais medidas visam promover uma cooperação eficaz e eficiente entre as autoridades de investigação e estão sujeitas à legislação aplicável e proteções adequadas.

4. Promover regularmente a conscientização dos empregados sobre a importância do cumprimento de todas as leis e regulamentos de concorrência aplicáveis e, mais especificamente, oferecer treinamento à alta administração da empresa sobre questões concorrenciais.

Comentários sobre Concorrência

95. Essas recomendações ressaltam a importância da legislação e regulamentação de concorrência para o funcionamento eficiente do mercado nacional e internacional e reafirmam a importância do

cumprimento dessas leis e regulamentos pelas empresas nacionais e multinacionais. Elas procuram também garantir que todas as empresas estejam cientes da evolução da abrangência, soluções e sanções relacionadas às leis de concorrência e as medidas de cooperação com as autoridades responsáveis pela concorrência. O termo lei de "concorrência" é usado para se referir a leis, incluindo as leis "antitruste" e "antimonopólio", que proíbem de diversas formas: a) acordos anticoncorrenciais, b) abuso de poder de mercado ou de posição dominante, c) a aquisição de poder de mercado ou posição dominante por meios que não o desempenho eficiente, ou d) a redução substancial da concorrência ou a restrição significativa à concorrência efetiva por meio de fusões ou aquisições.

96. Em geral, as leis e políticas de concorrência proíbem: a) cartéis clássicos, b) outros acordos anticoncorrenciais, c) conduta anticoncorrencial que explore ou amplie a posição dominante no mercado ou o poder de mercado, e d) fusões e aquisições anticoncorrenciais. Nos termos da Recomendação de 1998 do Conselho da OCDE sobre Atuação Efetiva contra Cartéis Clássicos, C(98)35/FINAL, os acordos anticoncorrenciais mencionados no subitem a) constituem cartéis clássicos. Todavia, a Recomendação incorpora diferenças nas legislações dos países-membros, incluindo as diferenças nas isenções ou disposições das leis que prevejam uma exceção ou autorização para atividade que poderia ser proibida de outro modo. As recomendações das presentes *Diretrizes* não sugerem que as empresas devam renunciar aos benefícios das isenções ou disposições previstas nas leis. As categorias descritas nos subitens b) e c) são mais gerais, uma vez que os efeitos de demais tipos de acordos e de comportamentos unilaterais são mais ambíguos e há menos consenso sobre o que deve ser considerado como anticoncorrencial.

97. O objetivo da política de concorrência é contribuir para o bem-estar global e o crescimento econômico, promovendo condições de mercado em que a natureza, a qualidade e o preço dos bens e serviços sejam determinados por forças concorrenciais do mercado. Além de beneficiar os consumidores e a economia de uma jurisdição como um todo, esse clima concorrencial recompensa as empresas que respondem de forma eficiente às demandas do consumidor. As empresas podem contribuir com esse processo fornecendo informações e consultoria quando os governos considerarem leis e políticas que possam reduzir a competividade dos mercados através da redução da eficiência ou de qualquer outro modo.

98. As empresas devem estar cientes de que as leis relativas à concorrência continuam a ser promulgadas e de que é cada vez mais comum que essas leis proíbam atividades anticoncorrenciais que ocorram no exterior caso tenham um impacto prejudicial sobre os consumidores nacionais. Além disso, o comércio e os investimentos internacionais aumentam a

probabilidade que as condutas anticoncorrenciais que ocorram em uma jurisdição tenham efeitos prejudiciais em outras jurisdições. Dessa forma, as empresas devem considerar tanto a legislação do país em que operam como a legislação de todos os países nos quais os efeitos da sua conduta sejam prováveis.

99. Por fim, as empresas devem reconhecer que as autoridades responsáveis pela regulação da concorrência estão desenvolvendo uma cooperação cada vez mais estreita entre si quanto a tópicos desafiadores relacionados à investigação da atividade anticoncorrencial. Vide, de modo geral, a Recomendação do Conselho Relativa à Cooperação Entre os Países-Membros sobre Práticas Anticoncorrenciais que Afetam o Comércio Internacional, C(95)130/FINAL e a Recomendação do Conselho sobre Revisão de Fusões, C(2005)34. Nos casos em que as autoridades responsáveis pela concorrência de várias jurisdições revisem uma mesma conduta, a cooperação das empresas com as autoridades promove uma tomada de decisão coerente e sólida, além de soluções concorrenciais, permitindo, simultaneamente, que os governos e as empresas economizem custos.

XI. Tributação

1. É importante que as empresas contribuam para as finanças públicas dos países anfitriões mediante o pagamento pontual das suas obrigações fiscais. Em particular, as empresas devem cumprir integralmente com as leis e regulamentos fiscais dos países onde operam. Cumprir integralmente com a lei significa interpretar e seguir a intenção dos legisladores. Isso não significa que a empresa deva realizar um pagamento superior ao montante legalmente exigido nos termos de tal interpretação. O cumprimento fiscal inclui medidas como o fornecimento de informações relevantes ou exigidas por lei às autoridades competentes em tempo hábil, de modo que seja possível determinar os impostos relativos às suas operações e a conformidade das práticas de determinação de preços de transferência com os padrões comerciais.

2. As empresas devem tratar a governança fiscal e o cumprimento fiscal como elementos importantes da sua supervisão e sistemas de gestão de riscos mais amplos. Em particular, os conselhos de administração devem adotar estratégias de gestão de riscos fiscais para garantir que os riscos financeiros, regulatórios e de reputação associados à tributação sejam identificados e avaliados integralmente.

Comentários sobre Tributação

100. A cidadania corporativa na área da tributação implica que as empresas devem cumprir integralmente com leis e regulamentos fiscais em todos os países onde operam, cooperar com as autoridades e disponibilizar informações relevantes ou exigidas por lei. Uma empresa cumpre integralmente com as leis e regulamentos fiscais se ela tomar medidas razoáveis para determinar a intenção dos legisladores e interpretar essas normas fiscais de acordo com tal intenção, considerando a linguagem legal e o histórico legislativo pertinente e vigente. As transações não devem ser estruturadas de forma a apresentar resultados fiscais incompatíveis com as consequências econômicas subjacentes da transação, a menos que exista legislação específica para oferecer esse resultado. Nesse caso, a empresa deve ter motivos razoáveis para

acreditar que a transação está estruturada de forma a apresentar um resultado fiscal para a empresa que não seja oposto às intenções dos legisladores.

101. O cumprimento fiscal também implica cooperar com as autoridades fiscais e na prestação das informações de que necessitam para assegurar a aplicação eficaz e correta da legislação fiscal. Essa cooperação deverá incluir a resposta rápida e completa aos pedidos de informações apresentados por uma autoridade competente nos termos das disposições de um acordo fiscal ou de um acordo de troca de informações. No entanto, esse compromisso de fornecer informações não é ilimitado. De modo específico, as *Diretrizes* estabelecem uma relação entre as informações que devem ser fornecidas e sua relevância para a aplicação da legislação fiscal pertinente. Elas reconhecem a necessidade de encontrar um equilíbrio entre as exigências feitas às empresas no cumprimento da legislação fiscal e a necessidade das autoridades fiscais terem acesso às informações completas, oportunas e precisas para que apliquem a sua legislação fiscal.

102. Os compromissos das empresas sobre a cooperação, transparência e cumprimento fiscal devem se refletir nos sistemas, nas estruturas e nas políticas de gestão dos riscos. No caso de empresas com personalidade jurídica, os conselhos de administração devem supervisionar o risco fiscal de diversas formas. Por exemplo, os conselhos de administração devem desenvolver de forma proativa os princípios de política fiscal adequados, bem como estabelecer sistemas internos de controle fiscal, de modo que as ações da administração sejam coerentes com os pontos de vista do conselho de administração sobre os riscos fiscais. O conselho deve ser informado sobre todos os possíveis riscos fiscais substanciais e um responsável deverá ser atribuído para o desempenho das funções internas de controle fiscal e pela apresentação de relatórios ao conselho. Uma estratégia abrangente de gestão de riscos que inclui tributação permitirá que a empresa não somente atue como uma boa cidadã corporativa, mas também gerencie de modo eficaz o risco fiscal, o que pode servir para evitar grandes riscos financeiros, regulamentares e de reputação para a empresa.

103. Um membro de um grupo de empresas multinacionais de um país pode ter relações econômicas extensas com membros do mesmo grupo de empresas multinacionais em outros países. Tais relações podem afetar a responsabilidade fiscal de cada uma das partes. Dessa forma, as autoridades fiscais podem precisar de informações de fora da sua jurisdição para avaliar essas relações e determinar a obrigação fiscal do membro do grupo de EMN na sua jurisdição. As informações a serem fornecidas limitam-se às informações pertinentes ou exigidas por lei para a avaliação proposta dessas relações econômicas para determinação da

obrigação fiscal correta do membro do grupo de EMN. As EMNs devem cooperar no fornecimento dessas informações.

104. Os preços de transferência são uma questão fundamental para a cidadania e a tributação das empresas. O aumento significativo do comércio global e do investimento direto internacional (e o importante papel desempenhado pelas empresas multinacionais nesse comércio e nos investimentos) significa que os preços de transferência são um fator determinante significativo das obrigações fiscais dos membros de um grupo de empresas multinacionais, uma vez que influencia a divisão da base fiscal entre os países em que a empresa multinacional opera. O padrão comercial incluído tanto no Modelo de Convenção Fiscal da OCDE como no Modelo das Nações Unidas de Convenção sobre a Dupla Tributação entre Países Desenvolvidos e Países em Desenvolvimento é o padrão internacionalmente aceito para ajustar os lucros entre empresas de um mesmo grupo. A aplicação do padrão comercial evita transferências inadequadas de lucros ou perdas e minimiza os riscos de dupla tributação. A sua aplicação apropriada exige que as empresas multinacionais cooperem com as autoridades fiscais e forneçam todas as informações pertinentes ou exigidas por lei sobre a escolha do método de determinação dos preços de transferência a ser adotado para as transações internacionais realizadas por elas e pelas suas partes relacionadas. Reconhece-se que determinar se os preços de transferência refletem adequadamente o padrão (ou princípio) comercial é muitas vezes difícil tanto para as empresas multinacionais como para as administrações tributárias e que a sua aplicação não é uma ciência exata.

105. A Comissão dos Assuntos Fiscais da OCDE compromete-se a trabalhar de forma contínua para elaborar recomendações destinadas a garantir que os preços de transferência reflitam o padrão comercial. Os seus trabalhos resultaram na publicação, em 1995, das *Diretrizes de Preços de Transferência da OCDE para Empresas Multinacionais e Administrações Tributárias* (*Diretrizes de Preços de Transferência da OCDE*), que foi objeto da Recomendação do Conselho da OCDE sobre a Determinação dos Preços de Transferências entre Empresas Associadas (os membros de um grupo de EMN normalmente seriam incluídos pela definição de Empresas Associadas). As *Diretrizes de Preços de Transferência da OCDE* e essa Recomendação do Conselho são atualizadas de forma permanente para refletir as mudanças na economia global e as experiências das administrações tributárias e dos contribuintes que lidam com preços de transferência. O padrão comercial, por se aplicar à alocação dos lucros de estabelecimentos permanentes para determinação dos direitos fiscais do país anfitrião previstos em tratado fiscal, foi objeto de uma Recomendação do Conselho da OCDE adotada em 2008.

106. As *Diretrizes de Preços de Transferência da OCDE* se concentram na aplicação do padrão comercial para avaliar os preços de transferência das empresas multinacionais pertencentes a um mesmo grupo. As *Diretrizes de Preços de Transferência da OCDE* têm o intuito de auxiliar as administrações tributárias (tanto dos países membros da OCDE como de outros países) e as empresas multinacionais, fornecendo soluções mutuamente satisfatórias para processos de preços de transferência, minimizando assim os conflitos entre as administrações tributárias e entre estas e as empresas multinacionais, bem como evitando litígios onerosos. As empresas multinacionais devem seguir as orientações das *Diretrizes de Preços de Transferência da OCDE*, conforme alteradas e complementadas[7], para garantir que seus preços de transferência reflitam o padrão comercial.

---

7. O Brasil, como país não-aderente à OCDE, não aplica as *Diretrizes de Preços de Transferência* da OCDE na sua jurisdição e, por conseguinte, a utilização das orientações constantes nessas *Diretrizes* por empresas multinacionais para efeitos de determinação do lucro real das suas operações no Brasil não se aplica em virtude das obrigações tributárias previstas na legislação do país. A Argentina, outro país não-aderente à OCDE, reforça que as *Diretrizes de Preços de Transferência da OCDE* não são obrigatórias na sua jurisdição.

Parte II

Procedimentos de Implementação das Diretrizes da OCDE para Empresas Multinacionais

Alteração da Decisão do Conselho sobre as Diretrizes da OCDE para Empresas Multinacionais

O CONSELHO,

Considerando a Convenção da Organização para a Cooperação e o Desenvolvimento Econômico de 14 de dezembro de 1960;

Considerando a Declaração sobre Investimento Internacional e Empresas Multinacionais da OCDE ("Declaração"), na qual os Governos dos países aderentes ("países aderentes") recomendam conjuntamente que as empresas multinacionais que operam em seus territórios, ou a partir deles, cumpram as Diretrizes para Empresas Multinacionais ("Diretrizes");

Reconhecendo que, como as operações das empresas multinacionais se estendem a todo o mundo, a cooperação internacional em questões relacionadas à Declaração deverá se estender a todos os países;

Considerando os Instrumentos de Referência do Comitê de Investimento, especificamente suas responsabilidades sobre a Declaração [C(84)171(Final), atualizada em C/M(95)21];

Considerando o Relatório sobre a Primeira Revisão da Declaração de 1976 [C(79)102(Final)], o Relatório sobre a Segunda Revisão da Declaração [C/MIN(84)5(Final)], o Relatório sobre a Revisão de 1991 da Declaração [DAFFE/IME(91)23] e o Relatório sobre a Revisão de 2000 das Diretrizes [C(2000)96];

Considerando a Segunda Decisão Revisada do Conselho de junho de 1984 [C(84)90], alterada em junho de 1991 [C/MIN(91)7/ANN1] e revogada em 27 de junho de 2000 [C(2000)96/FINAL];

Considerando ser ideal reforçar os procedimentos que permitam realizar consultas sobre as questões englobadas pelas presentes *Diretrizes* e promover a sua eficácia;

Em relação à proposta do Comitê de Investimento:

DECIDE:

I. Pontos de Contato Nacionais

1. Os países aderentes devem estabelecer Pontos de Contato Nacionais para promover a eficácia das *Diretrizes*, realizando atividades promocionais, lidando com investigações e contribuindo para a resolução de problemas relacionados à implementação das *Diretrizes* em instâncias específicas, considerando as orientações processuais anexas. A comunidade empresarial, as organizações trabalhistas, outras organizações não governamentais e outras partes interessadas devem ser informadas sobre a disponibilidade desses recursos.

2. Os Pontos de Contato Nacionais de diferentes países irão cooperar, caso necessário, em qualquer questão relacionada às *Diretrizes* que seja relevante para as suas atividades. Como procedimento geral, as discussões em nível nacional deverão ser iniciadas antes da realização de contatos com outros Pontos de Contato Nacionais.

3. Os Pontos de Contato Nacionais se reunirão regularmente para compartilhar experiências e apresentar relatórios ao Comitê de Investimento.

4. Os países aderentes deverão disponibilizar recursos humanos e financeiros para seus respectivos Pontos de Contato Nacionais, a fim que esses desempenhem as suas responsabilidades de modo eficaz, considerando as prioridades e práticas orçamentais internas.

II. Comitê de Investimento

1. O Comitê de Investimento ("Comitê"), periodicamente ou a pedido de um país aderente, promoverá discussões sobre questões englobadas pelas *Diretrizes* e sobre a experiência adquirida a partir de sua aplicação.

2. O Comitê convidará periodicamente o Comitê Consultivo Empresarial e Industrial da OCDE (BIAC) e o Comitê Consultivo Sindical da OCDE (TUAC) ("órgãos consultivos"), a OCDE Watch, bem como outros parceiros internacionais, para expressarem os seus pontos de vista sobre questões englobadas pelas *Diretrizes*. Além disso, podem ser realizadas discussões com eles sobre essas questões, caso seja solicitado.

3. O Comitê deve atuar com os países não-aderentes sobre questões englobadas pelas *Diretrizes*, de modo a promover uma conduta empresarial responsável no âmbito mundial, em consonância com as *Diretrizes*, e para criar condições uniformes. O Comitê também cooperará com os países não-aderentes que tenham um interesse específico nas *Diretrizes* e na promoção dos seus princípios e padrões.

4. O Comitê será responsável pelos esclarecimentos sobre as *Diretrizes*. As

partes envolvidas em uma instância específica que tenha dado origem a um pedido de esclarecimento terão a oportunidade de expressar os seus pontos de vista, verbalmente ou por escrito. O Comitê não pode chegar a conclusões sobre a conduta das empresas individuais.

5. O Comitê promoverá discussões sobre as atividades dos Pontos de Contato Nacionais, a fim de reforçar a eficácia das *Diretrizes* e promover a equivalência funcional dos Pontos de Contato Nacionais.

6. No cumprimento das suas responsabilidades ligadas ao bom funcionamento das *Diretrizes*, o Comitê irá considerar as orientações processuais anexas de forma devida.

7. O Comitê apresentará periodicamente um relatório ao Conselho sobre as questões englobadas pelas *Diretrizes*. Nos seus relatórios, o Comitê irá considerar os relatórios dos Pontos de Contato Nacionais e as opiniões expressas pelos órgãos consultivos, pela OCDE Watch, por outros parceiros internacionais e por países não-aderentes, conforme o caso.

8. O Comitê prosseguirá, em cooperação com os Pontos de Contato Nacionais, com uma agenda proativa de promoção do cumprimento efetivo dos princípios e padrões constantes nas *Diretrizes* por parte das empresas. O Comitê deverá, especificamente, buscar oportunidades para colaborar com os órgãos consultivos, a OCDE Watch, outros parceiros internacionais e partes interessadas, a fim de incentivar as contribuições positivas das empresas multinacionais para o desenvolvimento sustentável da economia, do meio ambiente e da sociedade no contexto das *Diretrizes*, além de ajudá-las a identificar e responder aos riscos de impactos adversos associados a determinados produtos, regiões, setores ou indústrias.

III. Revisão da Decisão

A presente Decisão será revisada periodicamente. O Comitê apresentará propostas para esse fim.

Orientações Processuais

I. Pontos de Contato Nacionais

O papel dos Pontos de Contato Nacionais (PCNs) consiste em promover a eficácia das *Diretrizes*. Os PCNs operarão de acordo com critérios fundamentais de visibilidade, acessibilidade, transparência e responsabilização, a fim de promover o objetivo de equivalência funcional.

A. Acordos Institucionais

Em consonância com o objetivo de equivalência funcional e de promover a eficácia das *Diretrizes*, os países aderentes têm flexibilidade na organização dos seus PCNs, procurando o apoio ativo dos parceiros sociais, incluindo a comunidade empresarial, as organizações trabalhistas e outras organizações não governamentais, além de outras partes interessadas.

Dessa forma, os Pontos de Contato Nacionais:

1. Serão compostos e organizados de modo a proporcionar uma base eficaz para lidar com as diversas questões englobadas pelas *Diretrizes* e permitir que o PCN seja imparcial, mantendo simultaneamente um nível adequado de responsabilização perante o governo aderente.

2. Podem utilizar diferentes formas de organização para atingir tal objetivo. Um PCN pode ser constituído por altos representantes de um ou mais ministérios, por um alto funcionário do governo ou um gabinete governamental chefiado por um funcionário sênior, por um grupo interagências ou por um grupo que contenha peritos independentes. Podem também ser incluídos representantes da comunidade empresarial, organizações trabalhistas e outras organizações não governamentais.

3. Desenvolverão e manterão relações com representantes da comunidade empresarial, organizações trabalhistas e outras partes interessadas que possam contribuir para o bom funcionamento das *Diretrizes*.

B. Informação e Promoção

O Ponto de Contato Nacional irá:

1. Fazer com que as *Diretrizes* sejam conhecidas e estejam disponíveis por meios adequados, inclusive por meio de informações disponíveis on-line e nos idiomas nacionais. Os potenciais investidores (internos e externos) devem ser informados sobre as *Diretrizes*, conforme o caso.

2. Desenvolver a conscientização a respeito das *Diretrizes* e seus procedimentos de implementação por meio de cooperação, conforme o caso, com a comunidade empresarial, as organizações trabalhistas, outras organizações não governamentais e o público interessado.

3. Responder às consultas sobre as *Diretrizes*:

    a) de outros Pontos de Contato Nacionais;

    b) da comunidade empresarial, das organizações trabalhistas, de outras organizações não governamentais e do público; e

    c) de governos de países não-aderentes.

C. Implementação em Instâncias Específicas

O Ponto de Contato Nacional contribuirá para a resolução das questões que surgirem, relacionadas à implementação das *Diretrizes* em instâncias específicas de forma imparcial, previsível, equitativa e compatível com os princípios e padrões das *Diretrizes*. O PCN oferecerá um fórum de discussão e auxiliará a comunidade empresarial, as organizações trabalhistas, outras organizações não governamentais e partes interessadas relacionadas a tratar as questões que surgirem de forma eficiente e tempestiva e em conformidade com a legislação aplicável. Ao prestar tal assistência, o PCN irá:

1. Fazer uma avaliação inicial sobre se as questões suscitadas merecem uma análise detalhada, oferecendo uma resposta às partes envolvidas.

2. Sempre que as questões merecerem uma análise detalhada, oferecer serviços para auxiliar as partes envolvidas a resolverem as questões. Para essa finalidade, o PCN consultará essas partes e, conforme o caso:

    a) solicitará os conselhos das autoridades competentes e/ou de representantes da comunidade empresarial, organizações trabalhistas, outras organizações não governamentais e peritos pertinentes;

    b) consultará o PCN de outro país ou de países relacionados;

    c) solicitará a orientação do Comitê se tiver dúvidas quanto à interpretação das *Diretrizes* em circunstâncias específicas;

d) oferecer, e com a anuência das partes envolvidas, facilitar o acesso a procedimentos consensuais e não-adversariais, tais como conciliação ou mediação, a fim de auxiliar as partes a lidarem com as questões.

3. Durante a conclusão dos procedimentos e após consulta das partes envolvidas, disponibilizar publicamente os resultados dos procedimentos, considerando a necessidade de proteger informações sensíveis sobre as empresas e outras partes interessadas, emitindo:

a) uma declaração nos casos em que o PCN decidir que as questões suscitadas não merecem uma análise detalhada. A declaração deve, no mínimo, descrever as questões apresentadas e os motivos da decisão do PCN;

b) um relatório nos casos em que as partes chegarem a um acordo sobre as questões. O relatório deverá descrever, no mínimo, as questões apresentadas, os procedimentos iniciados pelo PCN para auxiliar as partes e o momento em que um acordo foi alcançado. As informações sobre o conteúdo do acordo só serão incluídas na medida em que as partes envolvidas estiverem de acordo;

c) uma declaração nos casos em que não houver qualquer acordo das partes ou quando uma parte não estiver disposta a participar dos procedimentos. Essa declaração deve, no mínimo, descrever as questões apresentadas, as razões pelas quais o PCN decidiu que as questões apresentadas mereceriam uma análise detalhada e os procedimentos iniciados pelo PCN para auxiliar as partes. Caso seja necessário, o PCN formulará recomendações sobre a aplicação das *Diretrizes*, que deverão ser incluídas na declaração. A declaração também poderá incluir as razões para não se chegar a um acordo, caso seja pertinente.

O PCN notificará tempestivamente os resultados dos procedimentos da instância específica ao Comitê.

4. Para facilitar a resolução das questões apresentadas, devem ser tomadas medidas adequadas para proteger as informações comerciais e outras informações sensíveis, bem como os interesses de outras partes interessadas envolvidas na instância específica. A confidencialidade do processo será mantida enquanto os procedimentos previstos no parágrafo 2 estiverem em curso. Durante a conclusão dos procedimentos, caso as partes envolvidas não tiverem chegado a um acordo, as questões apresentadas poderão ser comunicadas e debatidas publicamente. No entanto, as informações e os pontos de vista apresentados durante o processo por outra parte envolvida permanecerão confidenciais, a menos que essa outra parte concorde com a sua divulgação ou que tal ato seja

contrário às disposições da lei nacional.

5. Caso surjam questões envolvendo países não-aderentes, tomar medidas para desenvolver uma compreensão das questões envolvidas e acompanhar esses procedimentos sempre que for relevante e exequível.

D. *Relatórios*

1. Cada PCN apresentará anualmente um relatório ao Comitê.
2. Os relatórios devem conter informações sobre a natureza e os resultados das atividades do PCN, incluindo atividades em execução relacionados a instâncias específicas.

II. Comitê de Investimento

1. O Comitê examinará os pedidos de assistência dos PCNs no exercício das suas atividades, incluindo casos de dúvidas quanto à interpretação das *Diretrizes*, em circunstâncias específicas.

2. O Comitê, com o objetivo de reforçar a efetividade das *Diretrizes* e para promover a equivalência funcional dos PCNs, irá:

   a) considerar os relatórios dos PCNs;

   b) considerar se um PCN cumpre com as suas responsabilidades relacionadas ao tratamento de instâncias específicas a partir de relatórios fundamentados de um país aderente, de um órgão consultivo ou da OCDE Watch;

   c) considerar apresentar esclarecimentos sobre se um PCN interpretou corretamente as *Diretrizes* em instâncias específicas sempre que um país aderente, um órgão consultivo ou a OCDE Watch apresentarem relatórios fundamentados;

   d) formular recomendações, sempre que necessário, para melhorar o funcionamento dos PCNs e a aplicação efetiva das *Diretrizes*;

   e) cooperar com parceiros internacionais;

   f) colaborar com os países não-aderentes interessados em questões englobadas pelas *Diretrizes* e sua respectiva implementação.

3. O Comitê pode solicitar e considerar o parecer de peritos sobre quaisquer questões englobadas pelas *Diretrizes*. Para esse fim, o Comitê decidirá sobre os procedimentos adequados.

4. O Comitê cumprirá com suas responsabilidades de forma eficiente e oportuna.

5. No exercício das suas responsabilidades, o Comitê será assistido pela Secretaria da OCDE que, sob a orientação geral do Comitê de Investimento, e sujeito ao Programa de Trabalho e Orçamento da Organização, irá:

   a) atuar como ponto central de informação para os PCNs que tenham dúvidas sobre a promoção e a implementação das *Diretrizes*;

   b) coletar e disponibilizar ao público informações relevantes sobre tendências recentes e práticas emergentes sobre as atividades de promoção dos PCNs e a implementação das *Diretrizes* em instâncias específicas. A Secretaria desenvolverá modelos uniformizados de relatório para apoiar o estabelecimento e a manutenção de uma base de dados atualizada sobre instâncias específicas, que serão analisados regularmente;

   c) facilitar as atividades de aprendizagem entre pares, incluindo avaliações voluntárias pelos pares, bem como a capacitação e a formação, especialmente aos PCNs dos novos países aderentes, sobre os procedimentos de implementação das *Diretrizes*, tais como a promoção e a facilitação da conciliação e da mediação;

   d) facilitar a cooperação entre os PCNs, sempre que possível; e

   e) promover as *Diretrizes* nos fóruns e reuniões internacionais relevantes e prestará apoio aos PCNs e ao Comitê nos seus esforços para conscientizar os países não-aderentes sobre as *Diretrizes*.

Comentários sobre os Procedimentos de Implementação das Diretrizes da OCDE para Empresas Multinacionais

1. A Decisão do Conselho representa o compromisso dos países aderentes de promover a implementação das recomendações contidas no texto das *Diretrizes*. As orientações processuais tanto para os PCNs como para o Comitê de Investimento constam no anexo à Decisão do Conselho.

2. A Decisão do Conselho define as principais responsabilidades dos países aderentes sobre as *Diretrizes* com relação aos PCNs, que podem ser resumidas do seguinte modo:

    - Estabelecer PCNs (que deverão considerar as orientações processuais anexas à Decisão) e informar às partes interessadas sobre a disponibilidade de recursos relacionados às *Diretrizes*.
    - Disponibilizar os recursos humanos e financeiros necessários.
    - Permitir que os PCNs de diferentes países cooperem entre si, sempre que necessário.
    - Permitir que os PCNs se reúnam regularmente e apresentem relatórios ao Comitê.

3. A Decisão do Conselho estabelece também as responsabilidades do Comitê com relação às *Diretrizes*, que incluem:

    - Organizar discussões sobre questões relacionadas às *Diretrizes*.
    - Emitir esclarecimentos, se necessário.
    - Organizar discussões sobre as atividades dos PCNs.
    - Apresentar relatório ao Conselho da OCDE sobre as *Diretrizes*.

4. O Comitê de Investimento é o órgão da OCDE responsável pela supervisão do funcionamento das *Diretrizes*. Essa responsabilidade se aplica não somente às *Diretrizes*, mas a todos os elementos da Declaração (Instrumento de Tratamento Nacional e instrumentos sobre Incentivos e Desincentivos aos Investimentos Internacionais e Exigências Divergentes). O Comitê procura assegurar que cada elemento da Declaração seja respeitado e compreendido, e que todos eles se complementem e operem em harmonia entre si.

5. Refletindo a importância cada vez maior da conduta empresarial responsável para os países não-membros da OCDE, a Decisão prevê a atuação e cooperação com os países não-aderentes nas questões englobadas pelas *Diretrizes*. Essa disposição permite ao Comitê organizar reuniões especiais com os países não-aderentes interessados, a fim de promover a compreensão dos padrões e princípios presentes nas *Diretrizes* e dos seus respectivos procedimentos de implementação. O Comitê também pode associar os países não-aderentes às atividades ou projetos especiais de conduta empresarial responsável, inclusive convidando-os para as suas reuniões e para as Mesas Redondas de Responsabilidade Corporativa, observados os procedimentos pertinentes da OCDE.

6. Para a realização de uma agenda proativa, o Comitê cooperará com os PCNs e buscará colaborar com os órgãos consultivos, a OCDE Watch e outros parceiros internacionais. No parágrafo 18, são fornecidas orientações adicionais para os PCNs a esse respeito.

I. Comentários sobre as Orientações Processuais para PCNs

7. Os Pontos de Contato Nacionais desempenham um papel importante no aumento do desempenho e da eficácia das *Diretrizes*. Embora as empresas sejam responsáveis pelo cumprimento das *Diretrizes* nas suas atividades cotidianas, os governos também podem contribuir para melhorar a eficácia dos procedimentos de implementação das *Diretrizes*. Dessa forma, os governos entraram em acordo que uma melhor orientação para a conduta e atividades dos PCNs é necessária, inclusive por meio de reuniões periódicas e da supervisão do Comitê.

8. Muitas das disposições estabelecidas nas Orientações Processuais da Decisão não são novidade, mas refletem a experiência e as recomendações desenvolvidas ao longo dos anos. Ao torná-las explícitas, as expectativas em torno dos mecanismos de implementação das *Diretrizes* se tornam mais transparentes. Todas as funções são descritas em quatro partes das Orientações Processuais relativas aos PCNs: acordos institucionais, informação e promoção, implementação em instâncias específicas e apresentação de relatórios.

9. Essas quatro partes são precedidas por um parágrafo introdutório que estabelece a finalidade básica dos PCNs, além de critérios fundamentais para promover o conceito de "equivalência funcional". Como os governos têm flexibilidade na forma como organizam os PCNs, estes devem funcionar de forma clara, acessível, transparente e responsável. Esses critérios orientarão os PCNs no desempenho das suas atividades e assistirão também o Comitê na discussão sobre as condutas dos PCNs.

Critérios Fundamentais para a Equivalência Funcional nas Atividades dos PCNs

Visibilidade. Em conformidade com a Decisão, os governos aderentes concordam em nomear PCNs e também em informar a comunidade empresarial, as organizações trabalhistas e outras partes interessadas, incluindo as ONGs, sobre a disponibilidade de recursos associados aos PCNs na implementação das *Diretrizes*. Espera-se que os governos publiquem informações sobre os seus PCNs e desempenhem um papel ativo na promoção das *Diretrizes*, que pode incluir a realização de seminários e reuniões sobre o instrumento. Esses eventos poderiam ser organizados em cooperação com empresas, trabalhadores, ONGs e outras partes interessadas, embora não necessariamente com todos esses grupos em cada ocasião.

Acessibilidade. O fácil acesso aos PCNs é importante para o seu funcionamento eficaz. Isso inclui a facilitação de acesso pelas empresas, trabalhadores, ONGs e outros membros do público. As comunicações eletrônicas também podem ajudar nesse sentido. Os PCNs responderão a todos os pedidos legítimos de informação e comprometem-se também a tratar de questões específicas apresentadas pelas partes interessadas de forma eficiente e oportuna.

Transparência. A transparência é um critério importante para a responsabilização do PCN e para obter a confiança do público em geral. Desse modo, como princípio geral, as atividades do PCN serão transparentes. No entanto, quando o PCN oferecer seus "serviços" na implementação das *Diretrizes* em instâncias específicas, medidas adequadas deverão ser tomadas para estabelecer a confidencialidade dos procedimentos. Os resultados serão transparentes, a menos que a preservação da confidencialidade seja imprescindível para a implementação eficaz das *Diretrizes*.

Responsabilidade. Um papel mais ativo no que diz respeito a melhorar o desempenho das Diretrizes – e seu potencial para ajudar na gestão de questões complicadas entre as empresas e as sociedades em que operam – vai igualmente colocar as atividades dos PCNs sob o olhar do público. Em nível nacional, os parlamentos poderiam ter um papel importante a desempenhar. Relatórios anuais e reuniões regulares dos PCNs proporcionarão uma oportunidade para compartilhar experiências e incentivar "melhores práticas" com respeito aos PCNs. O Comitê também organizará debates nos quais experiências serão compartilhadas, a partir das quais a eficácia das atividades dos PCNs poderá ser avaliada.

Acordos Institucionais

10. A liderança do PCN deve manter a confiança dos seus parceiros sociais e de outras partes interessadas, além de promover o perfil público das *Diretrizes*.

11. Independentemente da estrutura que os governos tenham escolhido para os seus PCNs respectivos, eles também podem criar órgãos de consultoria ou supervisão com diversas partes interessadas para auxiliar os PCNs nas suas tarefas.

12. Espera-se que os PCNs, independentemente de sua composição, desenvolvam e mantenham relações com representantes da comunidade empresarial, organizações trabalhistas, outras organizações não governamentais e partes interessadas.

Informação e Promoção

13. As funções do PCN associadas à informação e à promoção são fundamentais para melhorar o desempenho das *Diretrizes*.

14. Os PCNs devem promover as *Diretrizes* e garantir que elas estejam disponíveis on-line e por outros meios pertinentes, inclusive nos idiomas nacionais. As versões em inglês e francês serão disponibilizadas pela OCDE, e a inclusão de *links* para o site das *Diretrizes* é bem-vinda. Caso seja necessário, os PCNs também fornecerão informações sobre as *Diretrizes* aos potenciais investidores, tanto internos como externos.

15. Os PCNs devem fornecer informações sobre os procedimentos que as partes devem seguir ao apresentar ou responder a uma instância específica. Eles devem incluir uma consultoria sobre as informações necessárias para a apresentação de uma instância específica, os requisitos aplicáveis às partes participantes em instâncias específicas, incluindo confidencialidade, e dos processos e prazos de referência que serão seguidos pelo PCN.

16. No contexto dos seus esforços relacionados à conscientização do público a respeito das *Diretrizes*, os PCNs cooperarão com diversas organizações e indivíduos, incluindo, conforme o caso, a comunidade empresarial, organizações trabalhistas, outras organizações não governamentais e outras partes interessadas. Essas organizações têm uma forte participação na promoção das *Diretrizes* e as suas redes institucionais oferecem oportunidades de promoção que, se forem utilizadas para esse fim, aumentarão consideravelmente os esforços dos PCNs nesse sentido.

17. Outra atividade básica esperada dos PCNs é responder às consultas legítimas. Nesse sentido, três grupos foram destacados pela sua relevância: *i)* outros PCNs (refletindo uma disposição da Decisão), *ii)* a comunidade empresarial, organizações trabalhistas, outras organizações não governamentais e o público, e *iii)* os governos de países não-aderentes.

Agenda Proativa

18. De acordo com a agenda proativa do Comitê de Investimento, os PCNs devem manter contatos regulares, incluindo reuniões, com os parceiros sociais e outras partes interessadas, a fim de:

    a) analisar orientações e práticas emergentes sobre conduta empresarial responsável;

    b) apoiar as contribuições positivas que as empresas podem fazer para o progresso econômico, social e ambiental;

    c) participar, conforme o caso, de iniciativas de colaboração para identificar e responder aos riscos de impactos adversos associados a determinados produtos, regiões, setores ou indústrias.

Aprendizagem entre Pares

19. Além de contribuir para o trabalho do Comitê no sentido de aumentar a eficácia das *Diretrizes*, os PCNs desenvolverão atividades conjuntas de aprendizagem entre pares. De modo específico, os PCNs devem participar de revisões horizontais e temáticas entre pares e em avaliações voluntárias pelos pares do PCN. Essa aprendizagem entre pares pode ser realizada por meio de reuniões na OCDE ou pela cooperação direta entre os PCNs.

Implementação em Instâncias Específicas

20. Quando surgirem questões relacionadas à implementação das *Diretrizes* em instâncias específicas, espera-se que o PCN ajude a resolvê-las. Esta seção das Orientações Processuais fornece orientações aos PCNs sobre como lidar com instâncias específicas.

21. A eficácia do procedimento de instâncias específicas depende da boa-fé de todas as partes envolvidas nos procedimentos. Nesse contexto, a boa-fé significa responder tempestivamente, mantendo a confidencialidade quando apropriado, abstendo-se de deturpar o processo e de ameaçar ou fazer represálias contra as partes envolvidas no procedimento, e engajando-se genuinamente nos procedimentos para obter uma solução para as questões apresentadas, em consonância com as *Diretrizes*.

Princípios Orientadores para Instâncias Específicas

22. De forma consistente com os critérios fundamentais para a equivalência funcional nas suas atividades, os PCNs devem abordar instâncias específicas de uma forma que seja:

    Imparcial. Os PCNs devem assegurar a imparcialidade na resolução de instâncias específicas.

    Previsível. Os PCNs devem garantir a previsibilidade, fornecendo informações claras e disponíveis ao público sobre o seu papel na resolução de instâncias específicas, incluindo a oferta de serviços, divulgação das fases do processo de instância específica com prazos de referência e o papel potencial que podem vir a desempenhar no monitoramento da implementação dos acordos celebrados entre as partes.

    Equitativa. Os PCNs devem garantir que as partes possam participar no processo em condições justas e equitativas através, por exemplo, do fornecimento de acesso razoável às fontes de informação relevantes para o procedimento.

    Compatível com as Diretrizes. Os PCNs devem operar em consonância com os princípios e padrões constantes nas *Diretrizes*.

Coordenação entre os PCNs em Instâncias Específicas

23. De modo geral, as questões serão tratadas pelo PCN do país no qual elas surgiram. Entre os países aderentes, essas questões serão primeiramente discutidas em âmbito nacional e, conforme o caso, encaminhadas para discussões no nível bilateral. O PCN do país anfitrião deverá consultar o PCN do país no qual a empresa foi constituída sobre seus esforços para ajudar as partes na resolução das questões. O PCN do país no qual a empresa foi constituída deverá prestar assistência adequada e oportuna, conforme solicitado pelo PCN do país anfitrião.

24. Nos casos em que surgirem questões relacionadas à atividade de uma empresa que são realizadas em diversos países aderentes ou com relação à atividade de um grupo de empresas organizadas como consórcio, *joint venture* ou outra forma semelhante, com sede em diferentes países aderentes, os PCNs envolvidos deverão dialogar para chegar a um acordo sobre qual PCN prestará auxílio às partes. Os PCNs podem solicitar assistência do Presidente do Comitê de Investimento para chegar a esse acordo. O PCN responsável deverá consultar os outros PCNs, que deverão prestar assistência adequada se assim for solicitado. Se as partes não chegarem a um acordo, o PCN responsável deverá tomar uma decisão final em consulta com os outros PCNs.

Avaliação Inicial

25. Ao realizar a uma avaliação inicial sobre se a questão apresentada merece uma análise detalhada, o PCN terá de determinar se a questão foi introduzida em boa-fé e se a questão é relevante para a implementação das *Diretrizes*. Nesse contexto, o PCN deverá considerar:

    - a identidade da parte que iniciou a instância específica e o seu interesse na questão.
    - se a questão é material e fundamentada.
    - se parece existir uma conexão entre as atividades da empresa e a questão apresentada na instância específica.
    - a relevância da lei e dos procedimentos aplicáveis, incluindo decisões judiciais.
    - a forma como as questões semelhantes foram ou estão sendo tratadas em outros procedimentos nacionais ou internacionais.
    - se a análise da instância específica contribuiria para os fins e a eficácia das *Diretrizes*.

26. Ao avaliar a importância para o procedimento de instância específica de outros processos nacionais ou internacionais que abordam questões similares paralelamente, os PCNs não devem decidir que as questões não merecem análise detalhada apenas porque processos paralelos foram conduzidos, estão em andamento ou disponíveis às partes interessadas. Os PCNs devem avaliar se os seus serviços podem contribuir positivamente para a resolução das questões apresentadas e se não prejudicaria qualquer uma das partes envolvidas nos processos paralelos, nem causaria desconsideração à situação judicial. Ao procederem a essa avaliação, os PCNs poderão considerar a prática entre outros PCNs e, se for o caso, consultar as instituições nas quais o processo paralelo está sendo ou poderia ser conduzido. As partes deverão, igualmente, prestar assistência aos PCNs na sua análise dessas questões, fornecendo informações relevantes sobre os processos paralelos.

27. Após a sua avaliação inicial, o PCN responderá às partes pertinentes. Caso o PCN decida que a questão não merece uma análise detalhada, ele informará as partes sobre os motivos da sua decisão.

Assistência às Partes

28. Nos casos em que as questões apresentadas mereçam uma análise detalhada, o PCN discutirá a questão com as partes envolvidas e oferecerá "bons ofícios" para contribuir informalmente para a resolução das

questões. Conforme o caso, os PCNs seguirão os procedimentos previstos nos parágrafos C-2a) a C-2d). Isso pode incluir a consulta das autoridades competentes, bem como aos representantes da comunidade empresarial, de organizações trabalhistas, outras organizações não governamentais e peritos. As consultas aos PCNs de outros países ou a busca de orientações sobre questões relacionadas à interpretação das *Diretrizes* podem também ajudar a resolver a questão.

29. Como parte da oferta de serviços de qualidade, e sempre que relevante, os PCNs oferecerão ou facilitarão o acesso a procedimentos consensuais e não-adversariais, tais como a conciliação ou a mediação, para ajudar as partes a lidarem com as questões. Assim como ocorre com as práticas aceitas em procedimentos de conciliação e mediação, esses procedimentos só serão utilizados mediante acordo das partes interessadas e o seu compromisso de participar do procedimento de boa-fé.

30. Ao oferecerem os seus bons ofícios, os PCNs podem tomar medidas para proteger a identidade das partes envolvidas sempre que existirem fortes motivos para se supor que a divulgação dessas informações seria prejudicial para uma ou mais das partes. Isso pode incluir circunstâncias nas quais seja necessário preservar a identidade de uma ou mais partes da empresa envolvida.

Conclusão dos Procedimentos

31. Espera-se que os PCNs sempre disponibilizem os resultados de uma instância específica ao público, em conformidade com os pontos C-3 e C-4 das Orientações Processuais.

32. Nos casos em que o PCN, após ter realizado a sua avaliação inicial, decidir que as questões apresentadas na instância específica não merecem uma análise mais aprofundada, ele fará uma declaração que será disponibilizada ao público após consultas às partes envolvidas e considerando a necessidade de preservar a confidencialidade dos negócios e demais informações sigilosas. Se o PCN considerar que, com base nos resultados da sua avaliação inicial, seria injusto identificar publicamente uma parte em uma declaração sobre a sua decisão, ele pode redigir a declaração de modo a proteger a identidade da parte.

33. O PCN pode também disponibilizar publicamente a sua decisão de que as questões apresentadas merecem uma análise detalhada e a sua oferta de serviços às partes envolvidas.

34. Caso as partes envolvidas chegarem a um acordo sobre as questões apresentadas, elas deverão abordar no seu acordo como e em que medida o conteúdo do acordo deve ser disponibilizado ao público. O PCN, em consulta às partes, disponibilizará ao público um relatório com os

resultados do processo. As partes também podem acordar sobre a solicitação de assistência do PCN para continuar com a implementação do acordo e o PCN pode atuar dessa forma, nas condições estabelecidas entre as partes e o PCN.

35. Caso as partes envolvidas não chegarem a um acordo sobre as questões apresentadas, ou se o PCN verificar que uma ou mais das partes envolvidas na instância específica não estão dispostas a participar, ou a participar de boa-fé, o PCN emitirá uma declaração e formulará recomendações, conforme apropriado, sobre a implementação das *Diretrizes*. Esse procedimento demonstra que um PCN emitirá uma declaração mesmo nos casos em que ele considere que uma recomendação específica não tenha sido solicitada. A declaração deve identificar as partes interessadas, as questões envolvidas, a data na qual as questões foram apresentadas ao PCN, quaisquer recomendações do PCN e quaisquer observações pertinentes do PCN sobre as razões pelas quais o processo não resultou em um acordo.

36. O PCN deverá proporcionar às partes a oportunidade de comentar sobre a minuta da declaração. No entanto, a declaração é de responsabilidade do PCN, ficando ao critério do PCN de decidir se deve alterar a minuta da declaração em resposta às observações das partes. Se o PCN formular recomendações às partes pode ser adequado, em circunstâncias específicas, que o PCN acompanhe as partes na sua resposta a essas recomendações. Caso o PCN julgar adequado acompanhar as recomendações, o prazo para atuar nesse sentido deverá ser abordado na sua declaração.

37. As declarações e relatórios sobre os resultados dos processos disponibilizados ao público pelos PCNs podem ser relevantes para a administração de programas e políticas governamentais. A fim de promover a coerência das políticas, os PCNs devem informar os órgãos governamentais pertinentes sobre as suas declarações e relatórios os quais o PCN considere relevantes para a administração de programas e políticas governamentais. Essa disposição não altera o caráter voluntário das *Diretrizes*.

Transparência e Confidencialidade

38. A transparência é reconhecida como um princípio geral para a conduta dos PCNs nas suas relações com o público (ver parágrafo 9 da seção "Critérios Fundamentais", acima). No entanto, o parágrafo C-4 das Orientações Processuais reconhece que existem circunstâncias específicas em que a confidencialidade é importante. O PCN tomará as medidas adequadas para proteger informações comerciais confidenciais. Do mesmo modo, outras informações, tais como a identidade das partes

envolvidas nos procedimentos, deverão ser mantidas confidenciais para a implementação efetiva das *Diretrizes*. Entende-se que esses processos incluem os fatos e os argumentos apresentados pelas partes. Contudo, é importante encontrar um equilíbrio entre transparência e confidencialidade para reforçar a confiança nos procedimentos das *Diretrizes* e promover a sua implementação de maneira eficaz. Assim, embora o parágrafo C-4 descreva, de modo geral, que os processos associados à implementação serão normalmente confidenciais, os resultados serão, geralmente, transparentes.

Questões de Países Não-Aderentes

39. Conforme mencionado no parágrafo 2 do capítulo de Conceitos e Princípios, as empresas devem observar as *Diretrizes* onde quer que operem, considerando as circunstâncias específicas de cada país anfitrião.

- Caso surjam questões relacionadas às *Diretrizes* em um país não-aderente, os PCNs do país de origem tomarão medidas para compreender as questões envolvidas. Embora nem sempre seja possível obter acesso a todas as informações pertinentes ou reunir todas as partes envolvidas, o PCN pode ainda realizar consultas e participar de outras atividades de investigação. Exemplos dessas medidas podem incluir o contato com a administração da empresa no país de origem e, conforme aplicável, com embaixadas e funcionários do governo no país não-aderente.

- Os conflitos com as leis, regulamentos, normas e políticas do país anfitrião podem tornar a implementação efetiva das *Diretrizes* em casos específicos ainda mais difícil do que em países aderentes. Conforme observado nos comentários ao capítulo de Políticas Gerais, embora as *Diretrizes* sejam mais abrangentes do que a lei em muitos casos, elas não devem e não se destinam a colocar a empresa em uma situação em que ela enfrente exigências divergentes.

- As partes envolvidas deverão ser informadas sobre as limitações inerentes à implementação das *Diretrizes* em países não-aderentes.

- As questões relacionadas às *Diretrizes* nos países não-aderentes também poderão ser discutidas nas reuniões do PCN, a fim de desenvolver expertise no tratamento de questões que surgirem em países não-aderentes.

Prazo de Referência

40. O procedimento de instância específica compreende três etapas diferentes:

1. *Avaliação inicial e decisão sobre a possibilidade de oferecer seus bons ofícios para auxiliar as partes:* Os PCNs devem concluir uma avaliação inicial no prazo de três meses, embora um prazo adicional possa ser necessário para coletar as informações necessárias para uma decisão embasada.

2. *Assistência às partes nos seus esforços para resolver as questões apresentadas:* Se um PCN decidir oferecer os seus bons ofícios, ele deve se esforçar para facilitar a resolução das questões em tempo hábil. Reconhecendo-se que o sucesso dos seus bons ofícios, incluindo mediação e conciliação, depende majoritariamente das partes envolvidas, o PCN deve, após consulta às partes, estabelecer um prazo razoável para a discussão entre as partes sobre as questões apresentadas. Caso elas não cheguem a um acordo dentro desse prazo, o PCN deverá consultar as partes sobre a pertinência da sua assistência. Se o PCN chegar à conclusão de que não é provável que a continuação do procedimento seja produtiva, ele deverá concluir o processo e proceder à preparação de uma declaração.

3. *Conclusão dos procedimentos:* O PCN deve emitir a sua declaração ou relatório no prazo de três meses, contados a partir da conclusão do procedimento.

41. Como princípio geral, os PCNs devem concluir o procedimento no prazo de 12 meses, contados a partir da data de recebimento da instância específica. Esse prazo poderá ser prorrogado se as circunstâncias o justificarem como, por exemplo, quando as questões surgirem em um país não-aderente.

Apresentação de Relatórios ao Comitê de Investimento

42. A apresentação de relatórios constituiria uma das responsabilidades importantes dos PCNs, que contribuiria também para a criação de uma base de conhecimentos e de competências essenciais para promover a eficácia das *Diretrizes*. Nesse contexto, os PCNs apresentarão um relatório ao Comitê de Investimento para incluir, no Relatório Anual sobre as *Diretrizes* da OCDE, as informações de todas as instâncias específicas iniciadas pelas partes, incluindo as que estão no processo de avaliação inicial, aquelas às quais foram oferecidos bons ofícios e em que as discussões estão em andamento, e aquelas sobre as quais os PCNs decidiram não oferecer bons ofícios após a avaliação inicial. Na apresentação do relatório das atividades de implementação em instâncias específicas, os PCNs cumprirão com as observações de transparência e confidencialidade estabelecidas no parágrafo C-4.

II. Comentários sobre as Orientações Processuais para o Comitê de Investimento

43. As Orientações Processuais da Decisão do Conselho fornecem orientações adicionais ao Comitê no exercício das suas responsabilidades, incluindo:

    - Cumprimento das responsabilidades de forma eficiente e tempestiva.
    - Observação dos pedidos de assistência dos PCNs.
    - Organização de discussões sobre as atividades dos PCNs.
    - Possibilidade de consultar parceiros e peritos internacionais.

44. O caráter voluntário das *Diretrizes* impede o Comitê de atuar como órgão judicial ou quase-judicial. As conclusões e declarações do PCN (exceto as interpretações das *Diretrizes*) também não devem ser questionadas por encaminhamento ao Comitê. A disposição segundo a qual o Comitê não pode chegar a conclusões sobre a conduta das empresas individuais foi mantida na própria Decisão.

45. O Comitê examinará os pedidos de assistência dos PCNs, inclusive em caso de dúvida quanto à interpretação das *Diretrizes*, em circunstâncias específicas. O presente parágrafo reflete o parágrafo C-2c) das Orientações Processuais da Decisão do Conselho sobre os PCNs, na qual os PCNs são orientados a solicitar informações ao Comitê em caso de dúvidas quanto à interpretação das *Diretrizes* nessas circunstâncias.

46. Ao discutir as atividades do PCN, o Comitê pode formular recomendações, se necessário, para melhorar o seu funcionamento, inclusive sobre a implementação efetiva das *Diretrizes*.

47. Relatórios fundamentados de um país aderente, um órgão consultivo ou da OCDE Watch, segundo a qual um PCN não teria cumprido com as suas responsabilidades processuais na implementação das *Diretrizes* em instâncias específicas, também serão analisados pelo Comitê. Essa disposição complementa o descrito na seção das Orientações Processuais relativas à apresentação de relatórios sobre suas atividades pelos PCNs.

48. Os esclarecimentos sobre a interpretação das *Diretrizes* em nível multilateral continuarão a ser uma responsabilidade essencial do Comitê para garantir que o significado das *Diretrizes* não seja diferente de um país para outro. Da mesma forma, serão analisados relatórios

fundamentados de um país aderente, um órgão consultivo ou da OCDE Watch sobre se as interpretações das *Diretrizes* feitas pelos PCNs são consistentes com as interpretações do Comitê.

49. Para atuar com países não-aderentes em questões englobadas pelas *Diretrizes*, o Comitê pode convidar países não-aderentes interessados para as suas reuniões, mesas redondas anuais sobre Responsabilidade Corporativa e reuniões relacionadas a projetos específicos sobre conduta empresarial responsável.

50. Por fim, o Comitê poderá solicitar aos peritos que abordem e apresentem relatórios sobre questões mais amplas (por exemplo, trabalho infantil ou direitos humanos), questões individuais, ou que melhorem a eficácia dos procedimentos. Para esse fim, o Comitê poderá recorrer ao pessoal interno especializado da OCDE, a organizações internacionais, órgãos consultivos, organizações não governamentais, acadêmicos, entre outros. Entende-se que, para resolver questões individuais, não será constituído um comitê.

www.ingramcontent.com/pod-product-compliance
Lightning Source LLC
LaVergne TN
LVHW070446070526
838199LV00037B/700